京津冀公共文化服务示范走廊发展联盟论坛论文集

高春利　主编

传承创新 · 价值再生 · 合作共赢
非物质文化遗产与传承

知识产权出版社
全国百佳图书出版单位

图书在版编目（CIP）数据

京津冀公共文化服务示范走廊发展联盟论坛论文集/高春利主编. — 北京：知识产权
出版社, 2017.7

ISBN 978-7-5130-5019-7

Ⅰ Ⅰ.①京… Ⅱ.①高… Ⅲ.①公共管理－文化工作－华北地区－文集 Ⅳ.①G127.2-53

中国版本图书馆CIP数据核字（2017）第168670号

内容提要

本书为文化经济研究论文集,内容就非物质文化遗产的创新、特色和再生、传承展
开分析和论述,通过京津冀三地协同发展推进非物质文化遗产的创新和保护工作。这
将对我国非物质文化遗产在历史新阶段的展开和传承,发挥积极而重大的作用。

责任编辑：李石华   责任出版：孙婷婷

京津冀公共文化服务示范走廊发展联盟论坛论文集
JINGJINJI GONGGONG WENHUA FUWU SHIFAN ZOULANG FAZHAN LIANMENG LUNTAN
LUNWENJI

高春利   主编

出版发行：	知识产权出版社 有限责任公司	网 址：	http://www.ipph.cn
电 话：	010-82004826		http://www.laichushu.com
社 址：	北京市海淀区气象路50号院	邮 编：	100081
责编电话：	010-82000860转8072	责编邮箱：	303220466@qq.com
发行电话：	010-82000860转8101	发行传真：	010-82000893
印 刷：	北京中献拓方科技发展有限公司	经 销：	各大网上书店、新华书店及相关专业书店
开 本：	720mm×1000mm 1/16	印 张：	8
版 次：	2017年7月第1版	印 次：	2017年7月第1次印刷
字 数：	150千字	定 价：	38.00元

ISBN 978-7-5130-5019-7

编委会

"京津冀公共文化服务示范走廊"发展联盟领导合影

"京津冀公共文化服务示范走廊"发展联盟轮值主席交接仪式

朝阳区副区长孙其军参观京津冀公共文化服务示范走廊发展联盟成果展

京津冀公共文化服务示范走廊发展联盟论坛

京津冀公共文化服务示范走廊发展联盟文化建设成果展

与会领导参观朝阳区规划艺术馆

与会领导参观京津冀公共文化服务示范走廊发展联盟成果展

前言

　　从2001年至今,我国由政府主导推动的非物质文化遗产保护工作已经走过了15个年头。十多年来,在党中央国务院的高度重视下,经过各级文化主管部门和社会各界的共同努力,朝阳区迎来了区域经济和公共文化的大发展,总体呈现出CBD中央商务区和现代商务服务与国际金融功能突出、外交使馆和高端产业聚集的区域面貌。作为全国首批公共文化示范区创建单位和全国精神文明城区,朝阳区的非物质文化遗产保护工作也取得了令人瞩目的成就。与此同时,在区域经济崛起和一体化过程中,我们的非物质文化遗产保护事业日益受到多个方面的冲击,孕育滋养非物质文化遗产的传统村落、社区受到城市扩张、拆迁改造、撤并乡村的挤压,文化遗产正在逐渐失去生存的土壤和空间。非物质文化遗产浓郁的民族特色、乡土气息日渐被当代时尚文化所包围,个别门类的项目找不到与现代生活的结合点,后继乏人。而京津冀一体化战略布局的确定,对朝阳区、对京津冀三地非物质文化遗产保护事业而言,既是挑战,也带来了全新的契机。如何在推动京津冀一体化重大国家战略的同时,继续传承和保护非物质文化遗产,是政府、社会、各界民众与发展联盟当前面临的重要议题。2016年6月,京津冀公共文化服务示范走廊发展联盟的成员单位在朝阳区规划艺术馆以"传承创新、价值再生、合作共赢"为主题,对非物质文化遗保护进行了热烈的研讨,三地11家单位及多位专家分享了非物质文化遗保护的经验和做法。此论文集的出版,将使更多有识之士关注非物质文化遗产融入现代生活问题,关注京津冀三地协同发展问题,为非物质文化遗产保护事业的繁荣建言献策,为京津冀三地区域一体化的发展贡献更多的智慧。

　　非物质文化遗产的历史很悠久,非物质文化遗产保护事业还很年轻,相信在文化部领导的高度重视和社会各界的大力支持下,通过京津冀公共文化服务示范走廊发展联盟各单位的协同合作,我们的非物质文化遗产保护事业一定会再上新的台阶。京津冀三地的协同合作共同发展也一定会实现新的飞跃。

北京市朝阳区副区长　孙其军

2017年7月

目录

挖掘曲艺文化　领略经典魅力

国家非物质文化遗产保护委员会专家委员　常祥霖

　　非物质文化遗产保护和优秀传统文化传承是并行不悖的重要工作，习近平主席自党的十八大以来，发表了一系列关于弘扬优秀传统文化的重要讲话，可以说习近平主席系列讲话的精神也是我们非物质文化遗产工作的重要指针。他的讲话很多，我跟大家分享下学习的体会。习主席说我们要挖掘传统文化，要缠住传统文化，同时要转化传统文化。对民族文艺工作者来讲，就是应该按照习主席的指示精神做好挖掘工作。为什么要做好挖掘工作呢？海淀区的非物质文化遗产部门请小青年写了段相声，写完以后送给我看，在这里我对于相声本体不做评论，就说基层的非物质文化遗产工作者有的理念。这个相声叫《亮家底》，这个理念和习主席提出的挖掘传统文化不谋而合，上至领导、下至平民百姓都想到一起了，所以我们要挖掘。挖掘到现在是不是完全呈现出我们应有的状态呢？我认为还远远没有，在工作过程中、展览过程中、演出过程中，我们会发现很多似是而非的问题，有很多拿不准主意的项目。因此从某种意义上说，我们的普查工作在今天也应该继续加强挖掘，正像戏曲界的普查搞过很多次，去年又开始大规模的普查。中华民族的文化渊远流长,中华民族文化多元一体,丰富到我们难以想象,可能过去不当回事,后来跟着里面一对照,有些项目正是我们遗失的、遗忘的,而且很多对我们今天的工作仍然起着很多观念上的、思想上的、习俗上的积极作用。所以我们的普查工作、调查工作,我们对非物质文化遗产项目的认定工作,目前还没有到万事大吉的阶段,还应该继续努力。

多年来,很多理论家对非物质文化遗产保护工作有很多高论,最近一半年来也有很多的说法,文化部雒树刚部长特意讲了非物质文化遗产应该如何如何保护,还有我的很多朋友和专家也讲非物质文化遗产保护如何如何,有很多院校专门设立了非物质文化遗产课程,设立了专业学科,都为非物质文化遗产的保护提供了很多自己的想法和宝贵的经验。但在近年来很多文章中,有很多莫衷一是的事情,有很多和过去理念不大一样的地方,怎样理解?我也经常和大家一起交流、讨论,事情都是在往前走的,往前走的时候就可能碰到新的问题,我们不能站在固有的立场上对原来的一些理念坚守不放,既要有坚守的态度,又要有活态的一种准备,所以坚守是坚定的,活态也是必须掌握的。如果只是坚守,可能会对我们的一些遗产给予不恰当的对待,那是我们很不愿意看到的场面。我们还应该注意到它的活态方面,在我们接触到戏剧、接触到民间文艺、接触到很多具体项目的时候,很多老师、老前辈包括专家愿意说"原汁原味"四个字,叫一定要保持原汁原味,一定要追求原汁原味。我理解的原汁原味就是这个客观的项目在发展过程当中代代传承,突然定格在一个历史桥段,这个历史桥段引起了诸多方面的关注和兴趣,大家给予赞扬,认为这是达到了极致,认为这是原味,但是这个原味在发展过程中都是变化的,我们搞舞台演出的经常注意自己的唱腔,手演身法步,往往忽略了时代的因素、社会的因素。我们搞艺术传承,大家差不多都有一种急功近利的心理,这是对非物质文化遗产继承很不恰当的态度。

在我们老一辈传艺的时候,首先师看徒三年,徒看师三年,无祖不立,无师不传,这是我们各行各业所遵从的职业道德,我们现在忙着拜师、忙着收徒,这和非物质文化遗产的本质都有很大的差距。在今年一个研讨会上,我说我们都注意河南坠子要唱出河南味,要唱出河南的风土人情,京东大鼓要唱出北京味,但是这些技和艺后面的东西呢?有没有呢?为什么现在我们听到、看到电视里很多明星、著名演员演出的节目可能也会哈哈一笑,可能也会打动我们一种暂时的心态,但是我们看完节目之后,就有一种完了就完了的感觉,笑完拉倒,唱得也就这样。所以,任何一个项目之所以能流传千百年,在我们的生产生活当中产生那么大的影响,我们应该品品其中的味儿,而不仅仅是浅层次地看到它的技、它的艺,在技和艺中间有很多难以言传的东西,恰好是传统文化当中传之有道之道。在我们曲艺的传承过程中,有几种支脉,大家都公认的,中国的曲艺说唱,最早源于佛教,佛教的经文艰深晦涩,为了变成大家都能接受的东西,后来就发展成为唱传,把经文变得通俗一点,唱传以后又发明了辩文,把一些教义、经卷变成了大家能够听懂的,为了让它更好地被接受就变成了韵文,有情节、有故事,故事当中又有很多情感的诉说,这是很多曲艺的源头。还有很多曲艺是道家文化的源,道家文化遵从的是丘处龙门派,他们还把自己排列成丘处机以来的一百个字的辈分。那么佛教文化、道家文化,还有我们的军旅文化、民族民间文化,多种文化抚养了中华民族400多个曲艺曲种,诞生了那么多经典的东西,影响着人们的精神生活,这里面有一些不可言传的道,比如民间艺人,特别是民间艺人,他们把自己从事的艺术刚开始叫衣钵,对这个传承是非常重视的。我们现在缺失的就是对这些背后文化的解读理解和传承,把我们非物质文化遗产无论哪个项目的传承简单化。那么在强调原汁原味的时候,实际上那个原汁原味是回不来的,但是它核心的东西、本质的东西不能够变,这个本真不能变,但是它有活态传承的过程,在这个过程当中,一定要处理好辩证的关系。在传承过程中,我特别强调那些看不见、摸不着,却维系着代代传承的师与徒之间的道,对这个道,我的理解就是这个东西是怎么来的、为什么来,和民生、国家、祖国的命运有什么关系。

现在我们在文本登记上,就按照自然项目那种登记方式。但在实际中与民间艺人一沟通,他马上给你讲,我应该是丘处龙门派,排名多少多少。大家都知道山东快书非常通俗,你以为这就是山东人民在拿着快板这样演的吗?不是的,高原军先生、杨立德先生,包括已经去世的孙振业先生,他们都曾经说过,他们是自丘处龙门派河东老张家那里传承的。山东菏泽有一位刘瑞连老师,民间艺人,原来只有山东当地人知道,偶然间有一次,姜昆同志发现了这个人,就是这个其貌不扬的老艺人,唱腔让所有见多识广的曲艺家驻足不走,所以不能小看这个名不见经传的民间艺人。就说他唱的孔繁森,我曾经说过,纵然铁石心肠,听刘瑞连动人的演唱,你也会对孔繁森心生敬意,也要擦擦自己的眼泪,他的唱腔就有这样的魅力。我问他这个韵腔怎么唱的?他说这个里面有不可言传的东西,他是入情入境。更深刻一点,很多是祖师爷传的东西,比如说他是河东老曾家第几代,妈妈是第几代,有些可以说出来,有些不能说出来。后来,我遇到了山东琴书、河南坠子、山东快书、东方渔鼓的艺人,一学习、一打听,果然背后有道,他们都按照丘处龙门派的传统文化排练下去。所以我在揣摩过程中,觉得原汁原味需要强调、需要坚守,但是也需要变,在变的过程中也有很多不能变的东西,或者在变的过程中要揣摩、要思考其中的道,传承是有道的,就是这些老规矩,长期形成的章法、规矩是渗透在项目形成过程中的。所以我们特别重视传承人的保护,传承人保护有多种多样,传承人是核心,如果掌握了可以言传的和不可以言传的,可以把这门艺术发扬到相对接近那个理想时间段的状态。很多项目包括很多演出和很多工艺品,一些行家看了就说:"哎,这是国家级的嘛?"言语内外有很多的不满意,为什么?说跟他想的不一样,他的想法是理想状态,是没法代替的一种状态。很多项目今天挂着非物质文化遗产传承人的光荣牌匾,又进入了保护名录,但有没有在既坚守又留变的过程中保持最核心、最本质的内容呢?这是非常值得研究的。

京津冀三地的曲艺工作做得非常好,我们理论家说京津冀三地是一个很大的题目,也是一个很难的题目,文件多、动作少。京津冀三地的文化馆干部对京津冀三地的非物质文化遗产尤其是曲艺类非常负责的,起码在前三年就有意识地组织了多种名目的京津冀大活动,比如北京西城区有两个文化馆,南区文化馆做了一个宣南杯,和天津的一个文化馆合作,搞了几次谱曲艺术家的培训、比赛活动,规模很大,而且没有借助任何力量,就是文化馆的干部,请了三地的名家。以 2015 年为例,在陶然亭旁边的宣南文化馆,邀请了天津的国家级传承人刘城爱、北京的张俊华、唐山的唐建文等京津冀古曲名家演出、当评委,而且还请了很多名家,比如北京的马增慧老师、崔奇老师,包括我,给大家讲课,讲曲艺本源的东西,把曲艺从根到梢儿说清楚,并不是电视台说了就对了,那些大腕儿明星演了就对了,而是要从根到梢儿请这些老师把这样的理念说明白。这些文化馆干部在管理上都有很严肃的学术态度,并且对非物质文化遗产项目持非常严肃、认真的态度。目前宣南杯在继续开展,还将举办京津冀古曲培训,京津冀古曲大赛,2016 年 7 月 5 日,姜昆同志、河北的专家都要参加这个开幕式,所以说群众真是有文化自觉和文化担当。还有,西城区文化馆,借助了社会力量团结了很多的传承人,有一个文化公司就专门承办这些事情。西城的非物质文化遗产,我接触得相对比较多,他们把很多老的曲目挖掘出来,邀请专家开了多次座谈会。第一批国家非物质文化遗产中,有一个明末清初很高端的北京文化符号——全唐八角鼓,但是究竟现在什么样,不知道。因此,北京西城区在天津、河北等地专家的帮助下,挖掘历史资料,终于出了图、出了栏目,最后终于搬上舞台,回馈了天津、北京、河北的观众,将全唐八角鼓激活了,这是非常了不起的。三地还共有许多曲种,比如北京属于京朝文化的源地,河北周围燕赵文化,天津津门文化,这三地的文化品位有一样的地方,也有很多不一样的地方,应该把不一样的拿出来,一样的整合出来,重新排列组合,做好层次,才能更好地进行非物质文化遗产价值重构,提高管理。

还有一个大家非常熟悉的曲种叫京东大鼓,据说是诞生在东三县,实际进入了河北境界,但是大师都是天津人,徒弟在北京、天津、河北都有。因此,京津冀三地的文化馆领导本着以人民群众为中心的工作理念,对此很重视。前几年廊坊出了一本书,搞了一个专题——三地京东大鼓大聚会。在廊坊之后,天津宝坻区又搞了高层研讨会,请山南海北的、各地的传承人都来唱京东大鼓。津南区文化馆馆长刘炳山是社会文化系统中的先进模范类人物,他也是董湘昆先生的弟子,去年,他在上级领导的支持下,推动了一次全国京东大鼓大赛,把很多离开一线工作的艺术家给请回来当评委,这实际就是传承非物质文化遗产的自觉担当,搞得轰轰烈烈。今年宝坻区又搞了一次全国性的非物质文化遗产大赛,可以说在全国几十个曲艺类的项目当中,京东大鼓异军突起,因为它群众性太强了,既有大家所坚持的几个重要曲牌的情况,又注意跟今天生活的结合,歌颂天津文化、歌颂改革开放新的道德风尚的故事都可以融入到京东大鼓中。

还有很多的曲种,在当地政府的帮助之下也显示了非常强的生命力。京津冀将来发展起来,后劲是不可估量的。与文化长三角,文化珠三角比起来,京津冀的展望一定是比那两个三角都好,因为北京有天子脚下多少年来的京朝文化的深厚功基,天津有国内外文明汇聚的积淀,只要给天津一个支点,天津后发起来的力量绝对不会亚于深圳、珠海,再加上河北这个圈,我觉得京津冀文化三角区,明天一定是美好的。习主席说京津冀发展不能受一亩三分地的思想制约,应该用更开放的、更远的视野共同发展。相信在不远的将来,长三角、珠三角都会领略到我们京津冀三地文化的后劲与辉煌!

文化部"十三五"期间
非物质文化遗产保护的工作重点

非物质文化遗产司办公室主任　荣书琴

　　非物质文化遗产保护工作如果从2001年中国参与联合国教科文组织第一次的申报,也就是昆曲入选联合国教科文组织人类非物质文化遗产的那一年算起,到今天走过了15个年头。非物质文化遗产保护工作如果是从2005年国务院发布《加强文化遗产保护的通知》、国务院办公厅发布《管理加强非物质文化遗产保护工作的意见》算起,到今天是走过了11个年头。

　　不管是15年还是11年,这个时间都不算很长,但是在这十多年间,非物质文化遗产的保护工作可以说取得了非常显著的成就。我国入选联合国的项目是38项,目前在各国入选的项目中,中国是最多的,排在第一位。我国公布了四批国家级非物质文化遗产代表性项目,一共是1372项;还公布了四批国家级非物质文化遗产代表性传承人,一共是1986人。我国也建立了国家级、省级、市级、县级的四级名录体系和代表性传承人体系,遴选出了非物质文化遗产保护的目标。

　　在2011年时,国家在《文物保护法》外发布了文化系统的第二部法律,就是《非物质文化遗产法》。所以,非物质文化遗产的保护成绩是有目共睹的,各级政府也非常重视,到2015年年底,中央政府投入了42亿资金进行非物质文化遗产保护,各级政府也都投入了大量的资金进行保护,而且也建立了非物质文化遗产保护的工作机构。国家有非物质文化遗产司和中国非物质文化遗产保护中心,各省也有非物质文化遗产处和非物质文化遗产保护中心,市县也有非物质文化遗产保护的机构。

所以,从整个11年这一个短短的历程来看,我们在机构、人员、经费、工作目标、工作措施、法律等诸多方面,都进行了一系列卓有成效的工作。这么短时间内能够取得这么重大的成绩,首先是因为国家把非物质文化遗产保护纳入了文化发展战略,确立了大的路线方针。在路线确立之后,最重要的是什么? 就是执行的人才。我觉得我们这一批非物质文化遗产保护的队伍,是让人最为感动的。为什么这样说? 我想举个例子。在一个月之内,我参加了4次京津冀非物质文化遗产方面的活动,一次是5月份的,也是在朝阳区举办的非物质文化遗产的展演活动,当时也是孙其军区长、高春利主任都参加了,第二次是在廊坊参加的非物质文化遗产展演展示活动,第三次是在天津,端午节非物质文化遗产精品展演,第四次是6月26日,非物质文化遗产论坛。这4次活动都是在周末、节假日举办的,非物质文化遗产保护战线上的同志就是这样加班加点在工作,可以说不计名、不计利地工作,这也是为什么我们非物质文化遗产能在今天取得这样辉煌成就的原因,也是最主要的原因!

未来,非物质文化遗产保护工作将按照文化部领导确定的,巩固抢救非物质文化遗产的保护成果,提高非物质文化遗产的保护传承水平的要求去进行工作。工作的重点有以下几个方面。

一是加强非物质文化遗产抢救性记录。非物质文化遗产抢救性记录是一项最为基本的工作,在我们评选出的1986名代表性传承人中,迄今为止有近300名已经去世,超过70岁的占了一半以上。所以,我们的工作是在和时间赛跑,要在这些传承人在世的时候,尽量把他们卓越的技艺或者绝活记录下来、保存下来,然后再去发扬光大,这是我们"十三五"期间的一项重点工作。

二是传统工艺的振兴。党的十八届五中全会提出了非物质文化遗产保护,就是要加强遗产保护,振兴传统工艺,文化部目前正在制订振兴传统工艺的计划,同时开展了一系列振兴的措施,会在2016年年底的时候报送国务院,经国务院讨论之后,应该会正式下发。

2015年下半年还启动了一项非常重要的工作,就是非物质文化遗产传承人群的研修研习培训计划,我们原来强调的是代表性传承人,我们四级评选的也是代表性传承人,但是这个培训计划第一次提出了传承人群的概念,非物质文化遗产的保护不仅仅重视代表性传承人,更加重视传承人群,因为我们不仅仅是要靠几个代表性的传承人,同时更加要扩大传承的基础,增强传承的后劲,所以工作的着力点转向了传承人群这样一个概念。我们2016年选了57所高校,包括清华美院、中央美院、中国美院、北京服装学院等一系列开设有美术课或者设计课院校,请他们帮助我们培训传承人,提升他们的文化素养,提升他们的审美能力、设计能力,同时让营销渠道介入,包括线上、线下营销渠道的介入,打通他们的产品销售渠道。在未来的10年,经过这样的发展,我相信我们非物质文化遗产会呈现一个非常生动的、和生活紧密相连的,每一个人可能用得起非物质文化遗产产品的良好局面。

这是我们非物质文化遗产保护下一步要开展的重点工作,还有其他的工作,这里就不一一说明了。我也相信,有这么一支玩命的非物质文化遗产保护的队伍,有这么多的非物质文化遗产传承人在一起努力,非物质文化遗产保护的工作应该是非常值得期待的,未来也是可以预见的。

另外,再补充一个非物质文化遗产保护的工作重点。原来我们是更加重视系统内部的工作力量,下一步我们会调动社会力量来参与,包括企业、高校、社会组织、民众都来参与非物质文化遗产的保护,真正让民众参与非物质文化遗产的保护工作中来。非物质文化遗产来自于民、保护靠民众,真正惠及民众,这样的理念会在今后的工作之中成为我们非物质文化遗产工作的重点。

刷新思维：京津冀三地
非物质文化遗产传承发展新思考

中国传媒大学经管学部学部长　范　周

　　"京津冀一体化"已上升为国家战略。京津冀的一体化，是国民经济协调发展、立体发展的一体化，是形神兼备的一体化，是制度体制的一体化，是各行各业的一体化。三地的文化协同发展则是其中十分重要的一环。如何抓住协同发展的机遇，推动三地文化资源优势互补、非物质文化遗产传承共赢发展，是亟待破解的重大议题。必须刷新思维，从顶层设计、机制创新、资源整合、研究推进四个方面全面推进京津冀三地非物质文化遗产传承保护工作，推动京津冀非物质文化遗产传承发展的价值再生与合作共赢。

一、顶层设计与基层创新实践良性互动

　　非物质文化遗产大多根植于广大民众之中，从不同侧面展示了民众的社会生活和民俗文化，与大众的生活距离很接近，也更能够成为群众

文化生活的重要组成部分。把"非物质文化遗产"纳入公共文化服务体系建设，是新的保护思路。它不单需要从宏观的层面去考虑发展趋势，更需要从基层的角度去创新实践方式。

　　首先，要做好京津冀三地非物质文化遗产协同发展战略规划，争取把好的想法列入中央的部署规划、部委的工作计划或国家专项资金的支持计划中，推动京津冀三地公共文化服务体系和非物质文化遗产传承保护的协同共建，实现真正意义上的融合发展。在制定宏观战略外，争取将非物质文化遗产传承保护从常规的"十三五"规划中独立出来，编制专项规划，设计京津冀三地文化消费特殊政策，规划京津冀非物质文化遗产保护的国家工程，争取将其纳入文化部、财政部的重点工作计划。

　　其次，要做好基层创新。京津冀三地资源不同，公共文化投入资金不同，民众消费能力不同，政府支持力度不同。在资源基础不一的现状下，在顶层设计的规范下，京津冀三地需要根据实际情况，从基层工作的角度去创新工作方法。通过税收减免、传承人补助、引入社会资金等方式支持非物质文化遗产传承保护工作。要立足当地，从实际出发，以在地化为核心，选取合适的非物质文化遗产项目，本着"在保护中开发、在开发中保护"的原则，发挥京津冀三地各自的资源优势进行资源整合，将非物质文化遗产项目转化为符合现代需求的文化产品。同时，通过非物质文化遗产与特色小镇建设，非物质文化遗产与文化旅游业、休闲农业、演出业等文化产业的融合发展，激发当地基层广大群众的创造活力。

　　总之，通过顶层设计和基层创新的良性互动，形成从宏观到微观的行动目标和行动计划，激发从政府到民间的参与动力和创造活力，推动京津冀三地非物质文化遗产保护合作的落地。

二、健全京津冀三地非物质文化遗产交流互动机制

2015年10月21日,京津冀公共文化服务示范走廊发展联盟成立,旨在推动京津冀三地公共文化服务一体化发展,在资源、活动、服务、管理机制等多个方面实现共建共享。具体到京津冀三地非物质文化遗产传承发展,要进一步建立常态化的人才交流机制和活动交流机制。

首先,要建立多层次的人才交流机制。建立京津冀三地常态化非物质文化遗产干部交流机制,不但可以进行思想观念和发展举措的相互学习,还有利于资金、项目、资源对接,有利于优势互补、开展合作,推动京津冀三地非物质文化遗产保护协调、快速发展。制定京津冀三地创意人才交流扶持政策,实现京津冀三地创意人才的自由流动。加强非物质文化遗产传承人的研修交流活动,为非物质文化遗产传承人搭建沟通平台,同时也为学院精英与民间艺人搭建沟通平台。

其次,要建立常态化的活动交流机制。通过定期举办京津冀三地非物质文化遗产类展会、设计系列京津冀三地非物质文化遗产高端论坛,通过非物质文化遗产项目与其他区域公共文化活动的深入结合,推动京津冀三地非物质文化遗产项目的区域间交流。

总之,通过人才交流和活动交流,激发京津冀三地非物质文化遗产保护工作思路新火花,加强京津冀三地非物质文化遗产与现代生活结合的紧密度。

三、建立京津冀三地非物质文化遗产发展资源库

京津冀三地非物质文化遗产资源丰富,自2006年来,列入国家级非

物质文化遗产名录的非物质文化遗产项目整整100项，其中北京国家级非物质文化遗产项目包括京剧、同仁堂中医药文化等49项；河北国家级非物质文化遗产项目包括沧州武术、曲阳石雕等35项；天津国家级非物质文化遗产项目包括杨柳青木版年画、京韵大鼓等16项。摸清京津冀三地非物质文化遗产资源家底，是非物质文化遗产传承保护发展的前提。建立京津冀三地非物质文化遗产发展资源库，是京津冀三地非物质文化遗产传承发展的基础。

建设京津冀三地非物质文化遗产发展资源库，在完成对京津冀三地现有非物质文化遗产资源的梳理工作外，还需要完成整理非物质文化遗产名录、了解非物质文化遗产分布、建立非物质文化遗产项目库、清点非物质文化遗产传习场所、完善非物质文化遗产传承人列表等工作。对资源库数据要实行动态管理，清晰地分析各地发展的优劣势，实现京津冀三地非物质文化遗产保护工作、非物质文化遗产产业化项目、非物质文化遗产学术研究成果的共享。

四、成立京津冀三地非物质文化遗产发展研究智库

京津冀三地非物质文化遗产传承保护要合作共赢，信息不能成为短

板。因此要建立区域性非物质文化遗产研究智库,对非物质文化遗产保护政策的制定、非物质文化遗产项目产业化、京津冀非物质文化遗产资源进行针对性研究。要以政府采购的方式,把智库纳入政府的决策之中,实现京津冀三地共享。这将对京津冀三地的协同发展有直接的推动作用。京津冀三地非物质文化遗产发展研究智库,不但需要纳入高校和科研机构的非物质文化遗产研究专家,更需要纳入非物质文化遗产传承人、基础非物质文化遗产管理干部、文化名人,还需要纳入更多产业研究和传播研究方向的专家,以及科技专家,将京津冀三地非物质文化遗产发展研究智库整合成为多学科、多背景的新型智库,切实推进非物质文化遗产传承保护工作和时代发展相结合。

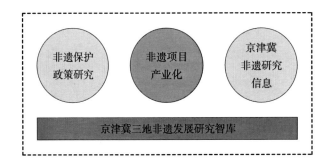

五、结语

非物质文化遗产从来不是一成不变的,每一代从事这些技艺、表演的传承人在继承中又会将自己的体会、经验融入其中,所创作的作品都会留下时代的印记和元素。创新很重要,产业化特色化发展也很重要,但我们要创新,更要完整传承。传承人不仅要继承工艺,更要深刻地了解所从事的技艺的历史。只有建立起完整的认识,创新才有坚实的根基，创造出来的新作品才可能是继承了深厚文化内涵的精湛艺术。同时，无论怎样创新，非物质文化遗产技艺应把握一个核心要素，即不能放弃手工技艺。我们要科技，更要守住技艺。科技不能代替技艺，传承人一旦放弃传统的手工技艺，就丧失了手工技艺所特有的生命力。但非物质文化遗产传承人不能单纯地满足现状。我们要保护，更要提升素质。要提高非物质文化遗产传承人的文化修养之缺、设计意识之缺、市场意识之缺，提升非物质文化遗产传承人的综合素质，实现非物质文化遗产的价值再生。提升传承人的素质，是为了发展，但发展并不意味着摒弃传统。我们要发展，更要坚守传统。非物质文化遗产所依附的乡村文化日益瓦解，活态传承面临挑战。政府在制定搬迁、复建规划时，应首先考虑非物质文化遗产保护规划，使其融入当地社会经济发展总体规划，并居核心地位。最后，我们要借鉴，更要完善法制。我国非物质文化遗产保护工作进展到今天已经15年，出现了很多新的现实矛盾和问题。借鉴国外经验，加快非物质文化遗产保护法律法规的完善和制定成为当下的迫切需求。日本制定的《文化财保护法》划定了日本非物质文化遗产的范畴，其中和服位列第二条。至今，根据法律规定，身着和服的游客可以免费进入京都所有博物馆，京都出租车为着和服乘客提供九五折优惠。要通过法律法规的完善解决非物质文化遗产保护的深层次问题。

非物质文化遗产不仅是人类文明的记忆载体、文化多样性的鲜活样本，更是当代生活的底蕴和滋养，是文化产业取之不尽的创意资源宝库。京津冀三地非物质文化遗产的保护传承，不仅是面向传统的挖掘、整理和学习，更是在京津冀一体化的战略背景下，面向未来的文化一体化建构。我们要充分利用京津冀三地丰富深厚的非物质文化遗产资源，通过体制机制方法的创新，将传统文化进行创造性的现代转化，融入生活，服务社会，弘扬社会主义核心价值观，担负起文化建设和价值引领的重任。

非物质文化遗产如何融入现代生活

北京师范大学中国社会管理研究院／社会学院教授　萧　放

非物质文化遗产的概念很强调对一个社区、一个群体文文化认同和文化创造力的重视,这是联合国教科文组织公约的一个基本精神。但是大家也知道,非物质文化遗产是在历史社会里面形成的,应该说是历史社会的一种文化现象。但是在今天,在一个变化的社会环境之下,这种在历史社会里面普通的文化现象,变成了今天的遗产,这个遗产如何在今天进入我们生活?它为什么要进入我们的生活?值得我们思考。

首先,非物质文化遗产为什么要融入日常生活?非物质文化遗产是一个历史社会形成的遗产,这个遗产的重要性应该说主要在于它形成的传统,可以在文学,可以在戏曲表演,可以在手工技艺种种方面体现,如果说我们不让它回到生活中去,它很可能就成为一个生活标本,就不能变成一个文化资产。我们的文化遗产要变成文化资产,必须回到生活中,否则就是有认知价值的一种博物馆似的藏品,这也不符合联合国教科文组织对非物质文化遗产定义的要求。

这种非物质文化遗产世代相传,在某个社区或群体适应周围环境以及与自然和历史的互动中被不断地做创造,为社区和群体提供认同感、

持续感,从而增强对文化多样性和人类创造力的尊重。这里面强调的是
"被不断地创造",是对创造力的尊重,我想非物质文化遗产在生活中的
变化是非常正常的现象,所以它的再创造是公约的基本要义。如何再创
造,当然不是说我们随意去改动它,再创造的过程必须遵循历史的、文化
的逻辑,在生活中自然地发生改变。当然有一些手工艺产品可能因为材
料的问题、技术的问题或者是消费者的口味问题,可能有一些人为的改
变,但是大部分非物质文化遗产不应该随意去进行改动,应该在生活中
自然的做信息调整。所以非物质文化遗产是一个文化遗产,但是我们可
以把它变成文化资产,如何变成文化遗产、如何回归社会,这需要我们非
物质文化遗产研究者和工作者思考的问题。只有在日常生活中传承非
物质文化遗产,我们的非物质文化遗产才能获得生命力,才可能取得增
进社会认同的效果。

非物质文化遗产作为文化部的工作目标,实际上它最根本的东西是
什么?不在乎是几个产品,不在乎是几个技艺,不在乎是几个表演,最重
要的是我们强调自己的文化传统,强调我们自己民族文化的延续与文明
的传承,这是我们中国政府、中国人重视非物质文化遗产的地方,也是联
合国教科文组织强调文化多样性的时候,强调自己文化身份的重要追
求,就是利用非物质文化遗产来增进我们的文化认同的问题,这是很重
要的一点。

在生活中我们对非物质文化遗产,常常会有一些困惑。比如说年画
可能在以前是一个消费品,但现在非常强调年画是文化遗产,要申请联
合国的非物质文化遗产。我们的年画在今天的环境里面已经不是消费
品了,不是日常生活的消费品,已经变成一个艺术品,这种艺术品跟大众
生活之间关系的疏离,在年画里面非常的明显。包括剪纸,剪纸可能是
以前生活的艺术,剪纸里面有很多的生活题材,会强调有民俗的审美内

容、有民俗的幸福祈求的内容,这些传统题材是在传统社会里面、在民俗社会里面,可能就是一个教科书,可能就告诉大家、告诉我们的孩子,这是什么故事,讲得是什么道理,我们从小就接触这些东西,自然而然就养成了一种特有的文化认同。而今天的剪纸呢?很多的剪纸艺术家热衷的是比赛,是获奖,而且是用了很多很新潮的题材内容,可不可以用,可以,但要看它在生活中的服务性,它具有什么样的社会功能或艺术功能。还有,传统的相声遗产的流失问题,为何如此,我们相声离日常生活远了,它不评论生活,不发表意见,就弱化了它的文化艺术服务社会的功能,当然就没人关注它了。怎么样既传承民俗文化传统,又能贴近当代生活?这里面就要思考如何操作的问题。

所以,非物质文化遗产本来是生活的艺术,离开了生活的故土之后,会变成一种纯粹的标本,纯粹的被动欣赏的东西,它的价值和地位就会下降,所以我们强调非物质文化遗产传承必须与日常生活结合。怎么样去跟日常生活对接,怎么融入日常生活呢?我想有几个途径。

第一是要融入教育的全过程,所谓教育的全过程就是一个人从生到死都会接触到教育问题,我们从幼儿园开始,或者从出生开始,非物质文化遗产的内容都会关注它,从你开始学说话、开始观察外面世界的时候,我们就用非物质文化遗产去影响它。比如说我们通常说口头故事的问题,民间故事的问题,我们大家知道,小朋友特别喜欢听故事,听奇幻的故事,一个故事听多少遍都不觉得老套,要反复听。在这个过程中,我们通过一些经典的民间故事的讲述,就可以对幼儿进行影响。我们通常说三岁看老,三岁之前的养育过程非常重要,我们其实在今天社会里面,很少关注幼儿的文化影响,往往只考虑他吃得怎么健康,未来的发展过程中考入什么学校,最后什么名牌大学毕业或者国外留学,没有关注人的养成。非物质文化遗产很重要的方面是关注人养成的东西,所以从幼儿开始就进行,后来在小学、中学、大学,到他成人生活过程中,我们用多种方式,从家庭到学校、到社区,用教材、用活动,一整套的非物质文化遗产教育陪伴这个人成长,我想这个全方位的教育关注,可能对他的非物质文化遗产意识的培养,对年轻人认知非物质文化遗产有非常重要的作用。

第二要融入城乡公共文化服务体系。以前一直也在提,非物质文化遗产可以成为公共文化服务体系的重要内容。如果说将非物质文化遗产保护传承融入公共文化服务体系,老百姓更易于接受,而且老百姓觉得你提供的公共文化服务跟他们期待的也是非常一致的,是非常容易接受的。所以老百姓喜欢的一个公共文化产品,包括京东大鼓,还有一些其他的艺术形式,包括我们说的那些庙会,包括我们说的北京的岔曲,都是我们身边的、我们的先人传下来的,我们感觉非常的亲切,如果把它作为文化传承的一部分,会更有影响。所以群众文化生活应该积极地吸收非物质文化遗产的内容,让它变成公共文化的一个部分,这样既丰富了群众文化生活,又保护和传承了非物质文化遗产。

再一个就是在公共文化体系建设过程中,还可以把非物质文化遗产变成一个地区的文化微循环的方式。文化是很大的东西,但是每个区域、每个群体有自己特定的文化传统,这个文化传统在地方人来讲是非常亲切的,非常有归属感的东西,也是联合国教科文组织所强调的文化认同的东西,以它为主题做一个文化的微循环,是文化的自足,对当地老百姓来说,也是文化认同的一个方式。前段时间我们对湖北郧西进行考察,这个地方是南水北调工程的一个水源重要涵养地,如果发展其他产业会污染水源,在工业被限制以后,地方应该怎么去发展呢?就靠文化。所以就培育七夕文化,这几年连续做这个工作,成了国家非物质文化遗产代表作。这是一个县级地区,对传统文化的挖掘,是对现代文化建设的补充,把它变成一个吸引游客的文化产品,我觉得这是一个比较好的方式。

第三个融入的途径应该是日常生活的整体融入。从日常生活的方方面面,贯彻非物质文化遗产保护的原则,把非物质文化遗产保护放在日常生活的方方面面当中去。比如我们围绕节日做文章,节日本身是非物质文化遗产,节日还是非物质文化遗产展示的重要平台,节日里面有仪式,有传说,有美食,有服饰,乃至节日信仰这些内容,所以传统的节日就是非物质文化遗产传承的重要时间。还有人生礼仪,我们重视养育礼仪、成年礼仪、婚嫁礼仪、丧葬礼仪、祭祀礼仪,我们用非物质文化遗产来关注人生,觉得这种文化是自己的文化,是从生到死都离不开的文化,在这样的日常生活中传承非物质文化遗产,肯定会有非常好的效果。当然,这里面可能有的东西不能完全对接,不能完全开发产品,不能完全融入,但是我们应该强调,把那些利于对接的,跟现代生活关系比较密切的部分进行发扬、充实。

还可以举个例子,比如伦理文化问题,传统文化里面特别强调人与人的关系,强调伦理文化,在非物质文化遗产很多项目里面都体现这个原则,伦理文化是中国文化的特色,如果讲封建社会的等级要抛弃,人跟人之间良性的互动、尊重,一个人有自己的职分,这是秩序的保证,一个社会没有伦理感,没有职分感,社会是乱的。所以我们可以利用非物质文化遗产让社会重新有序化,所以这个伦理的问题值得强调。节日里面,礼仪里面、戏曲表演里面,很多都会强调伦理问题。

所以,非物质文化遗产不仅是一个物质享受,还是社会团体精神提升的重要文化资源,就看我们怎么去利用它,怎么去发展它,怎么去对它进行创新。当然这个题目是非常大的,怎么去真正有效、全面地把非物质文化遗产融入生活,还需要我们去努力思考和实践。

传统文化的价值再生

——以北京灯彩文创衍生品兵马俑灯笼为例

北京市朝阳区文化馆馆长　徐　伟

自从2005年《国务院办公厅关于加强我国非物质文化遗产保护工作的意见》出台以来,朝阳区正式启动了非物质文化遗产保护工作。截至目前,共完成了10类274项非物质文化遗产项目的普查建档工作,有7个项目被列入国家级非物质文化遗产项目代表性项目名录,27个项目被列入北京市级非物质文化遗产项目代表性项目名录,77个项目被列入朝阳区级非物质文化遗产项目代表性项目名录,有2名国家级非物质文化遗产项目代表性传承人,19名市级非物质文化遗产项目代表性传承人和71名区级非物质文化遗产项目代表性传承人。

如何使这些承载灿烂文明,传承中国历史文化,维系民族精神的非物质文化遗产项目融入人们的生活之中,保护成果被全社会共享,实现非物质文化遗产的价值再生是朝阳区非物质文化遗产保护工作的重要内容。

一、传承——传统文化的价值源泉

非物质文化遗产最重要的特征之一,就是它的活态性。非物质文化遗产是世代相传,并在适应周围环境及与自然和历史的互动中不断得到再创造的文化遗产,具有为相关社区和群体提供认同感和持续感的文化意义和社会功能。这种文化遗产是鲜活的而不是静止的。它是传统在今天生活中的现实体现,并在传承中不断被赋予人民群众的智慧和创造力。非物质文化遗产的主要形态是社会实践、观念表述、表现形式、知识和技能,载体是相关的工具、实物和文化空间等。非物质文化遗产是在实践中传承的,实践是能动而有创造性的。❶因此,非物质文化遗产必须要传承,传承是传统文化价值再生的源泉。

围绕传承工作,朝阳区非物质文化遗产保护中心开展了多项保护措施,如从2011年开始,朝阳区陆续开展了非物质文化遗产进校园、进社区、进社会单位等传承工作,并于2012年与芳草地国际学校教育辅助中心合作建立了朝阳区非物质文化遗产培训传承基地,发挥各自的职能优势,紧紧围绕“非物质文化遗产传承教育”,努力拓宽工作思路,通过“酥雨润花”“种子培育”“土壤涵养”三大工程,有效地实现了“校外教育与校内教育”“校外教育与社团教育”的结合,很好地增进了区域内青少年儿童对中华传统文化的了解和认知。

节日是广大民众生活方式的基本组成部分,具有全民参与、全民共享的特点,几乎所有非物质文化遗产的精髓部分都会体现在节日当中。因此,围绕节日活动,促进非物质文化遗产的传承是朝阳区非物质文化遗产保护工作的另一手段。2015年2月,在区委宣传部、朝阳区非物质文

---

❶项兆伦.正确认识非遗,是正确有效地保护、传承和发展非遗的前提[EB/OL].(2016-10-31)[2017-04-21].http://www.mcprc.gov.cn/whzx/whyw/201610/t20161031_463963.html.

化遗产中心的共同推动下,北京宫廷补绣、毛猴、风筝、泥塑等非物质文化遗产项目参加了在美国洛杉矶比华利山市赛邦剧院举办的2015"欢乐春节·魅力北京"中国年庆祝活动。我区的非物质文化遗产传承人在现场以精美的作品、精湛的工艺、奇巧的设计,非常有效地传播了北京地域民俗文化,从一个侧面将北京的浓厚历史文化底蕴带给了美国社会。此次活动吸引了华人华侨、留学生、美国洛杉矶当地居民近2000人参与其中。春分时节,朝阳区非物质文化遗产保护中心联手朝外街道文化服务中心,主办了第十届"春分朝阳"文化节,通过这一深入人心的品牌文化活动,大力宣传、推广朝阳区的非物质文化遗产保护工作。"聚元号"弓箭传统射艺、点翠、京绣、毛猴、风筝、剪纸、结绳等30余个非物质文化遗产项目,通过展板、非物质文化遗产互动体验及展示等内容设置,不仅深受中国百姓的喜爱,还吸引了很多外国友人,这些非物质文化遗产项目在向市民展示的同时,还可以促使民众与非物质文化遗产传承人的交流学习,使非物质文化遗产保护更加贴近百姓的生活,更加深入人心。

此外,朝阳区非物质文化遗产保护工作中,最重要的一项就是使传承成为传统文化价值再生的源泉,传统文化只有实现价值再生,才能最终发挥传统文化的文化意义和社会功能。创意设计的国家级非物质文化遗产代表性项目北京灯彩的衍生品"兵马俑灯笼"就是一个很好的说明。

灯彩,又叫花灯,是我国各地普遍流行的装饰性的传统手工艺术品。北京灯彩历史悠久,制作精致,古雅明净,色泽沉着,灯饰大方,具有浓郁的地方特色。北京灯彩形式很多,具有代表性的是宫灯和纱灯,常见的传统灯彩品类介绍如下。

走马灯。一种供观赏的花灯。简易的走马灯以细秫秸作架,糊上彩纸,状如小龛。中有竖柱,柱底扎一钉尖,立于下横梁卡住的一小块玻璃上;柱上端张一纸伞,伞下用细铁丝系四戏剧人物。燃烛直嘘其伞,伞转则人物亦转。触动铁丝的机关,画面上人物的身、首、手、肢就会活动。从灯的正面可以观人,从背面白纸可以看剪影。走马灯有多角形、四方形、六面形、八楞形、十二面等;花样很多,有鱼龙变化、万马奔腾、狸猫扑鼠等。

宫灯。是最具北京特色的灯彩之一。顾名思义,"宫",即指宫廷。昔时宫廷里选用的灯,人们称其为"宫灯"。宫灯长期为宫廷所用,除了实用功能外,还要配上精细复杂的装饰,以显示帝王之高贵和奢华。其造型程式化,多是八角形、六角形、四角形、圆形、椭圆形、银锭形、套环形、亭台形等。灯画内容有福字、寿字、双喜、万寿无疆、宝珠以及"吉祥如意""龙凤呈祥"等灯。

红庆灯。是红色的纱灯,上部和下部都饰以金色的如意云纹图案,下端饰以金色的流苏,美观大方,是逢年过节或喜庆时布置环境所不可或缺的工艺品。它的规格可以根据建筑、环境等具体情况而定。首都宏伟的天安门城楼上悬挂的八盏大红纱灯,每盏直径为7.6市尺,是我国目前最大的纱灯。彩色纱灯是将白纱染成黄、蓝、粉红、绿等色,再在纱灯上彩绘花鸟、山水,色彩鲜艳。

龙灯。《旧京风俗志》(稿本)载:"又有龙灯者,用纸粘香头联成两串,首尾用纸糊成龙头龙尾之形,以数人举之,远视则蜿蜒活动颇似龙形。"《清稗类钞》载:"十五日为灯节,夜悬各灯,或如鸟兽,或如花果,悉以白纱制之,上加彩绘。有一灯为龙形,约长十五尺,支以十竿,太监十九执之,又一监在前执一灯球,取龙珠之意。各处音乐齐奏,灯光月色,交相辉映,并放花炮。"《百戏竹枝词·龙灯斗》述:"以竹篾为之,外覆以纱,蜿蜓之势,亦复可观。屈曲随人匹练斜,春灯影里动金蛇。烛龙神物传山海,浪说红云露爪牙。"

气死风灯。由于风吹不灭,俗称"气死风灯",简称"气风灯"。即如今节庆时大多喜欢悬挂的椭圆或圆形红灯,典型的节庆点缀物。有人为图吉利,称为"乞赐封灯"。昔时是用生长三年的竹子劈削成篾条,扎成椭圆形,大多裱上纱绢或用红色桐油纸糊成,半透明,上下饰以绿荷叶边,灯肚饰以鲜红或金色"鸿禧"字样。旧时,大宅门在节日期间将它挂在街门两旁,上书姓氏"堂号",如"一善堂国王""积善堂奎"等。

吉利灯。因蒺藜与吉利谐音,所以按照野生草本植物蒺藜苟子的形状,以红纸糊成多角形的灯,角与角之间作成绿地,镶一彩色玻璃泡,点起来五光十色。

小年灯。可用手提的灯,用细铁丝桅出诸如动物的相同规格的外轮廓形状,两个外轮廓之间用几根短直铁丝横向焊接上,裱糊绢后彩绘即成。

动物象形灯。最常见的是羊灯、狮灯、兔灯、叭狗灯、象灯,以竹皮儿、秫秸作骨架,上糊彩纸,下端均有四方底架,装上四个泥轮子,用细绳牵着可以行走,背上有洞,腹内燃烛,借烛力头部能上下颤动,故有"羊灯一点头"之俗谚。

走丝灯。走马灯的变种,灯作多角形,四面、六面、八面、十二面不等,每面画上各色戏出,如《打渔杀家》《三娘教子》及《八大锤》等武戏;或画面为成语故事,如"画龙点睛""守株待兔"等;也有画俏皮话儿(歇后语)的,如"老虎拉碾子——不听这一套""狗咬吕洞宾——不识好人心"等;还有画时事新闻的,如"捉拿康小小儿""麻姑子做寿"等。做工精巧,画工纤细。内张纸伞,下燃红烛,纸伞的杆上缚扎着许多马尾(野)儿,焰腾伞转,带动马尾儿,有条不紊地拨动每个画面上的铁丝机关,画面上的人物便随之舞起来,极为有趣。

油纸肖形灯。以竹皮儿扎架,糊以彩色油纸,巧做各式带有吉祥含义的象形灯。如龙睛鱼灯、绿蝈蝈灯、喜鹊登梅灯、状元骑马灯、带蔓儿的西瓜灯、带花的桃子灯、带叶的石榴灯等。内明以烛,可悬可提。

春灯。仅供观赏,不能燃烛的灯品,实际上仅是一种民间手工艺品。灯分大、中、小三种,外壳以薄柳木煨成扁圆形;状如一层笼屉;其正面贴以厚纸,上绘戏曲故事。如《赵子龙大战长坂坡》《白娘子水漫金山寺》之类,其画风格与杨柳青年画相似。背面糊高丽纸,内贮细沙,有弦有斗,并有个粗铁铃铛。略能动,细沙流下铃铛响,人物便头摆臂摇,挥动兵器,仿佛厮杀状,妙趣横生。

花果灯有带花灯、栀子灯、牡丹灯、葡萄灯、西瓜灯、柿子灯、蟠桃灯等。

百族灯有梅鹿灯、仙鹤灯、飞龙灯、彩凤灯、金鱼灯、鲤鱼灯、青蛙灯等。

现在,北京纱灯的主要品种有红庆灯、彩纱灯、道具灯、民用灯等,其中,红庆灯和彩纱灯是逢年过节或喜庆布置环境不可或缺的工艺品。

二、发展——传统文化的价值再生

非物质文化遗产理念与实践演进的重要线索,在于发现其重要价值并促进活态传承,保护和发展的关键是使之继续生存繁衍在当代社会空间中,发挥其思想、文化、经济的多元作用,而不只是作为文化的标本、档案和历史记忆。因此,发展则为传统文化的价值再生,让庞大的非物质文化遗产资源与当代设计挂钩,找到再造与重生的新突破口。在传统文化价值再生的过程中需要注意几方面内容。第一,传统文化的各种表现形式,它绝不仅是只存在于手艺人手中的凝固品,而是当代城市最重要的组成空间,如果不能进入它的空间、人群,还有它所顾及的国度,包括人们所认知的地方,那么传统文化将会犹如无源之水失去生命力;第二,传统文化也是当代艺术的一部分,但绝对不是古老的那部分,传统文化要走进市场就必须要认识到这一点;第三,传统文化需要创意,不管传统文化的形式如何,表现方式都必须富有创意。

2008 年,《新闻周刊》集合美国、英国等国家网民,评出来的 12 个国家的 20 大形象符号中,代表中国文化的形象符号包括北京故宫、长城、兵马俑、丝绸、瓷器、京剧等。因此,把兵马俑这一具有浓郁中国特色的文化符号,与北京灯彩的扎制技艺两者完美地结合起来,用典型的中国语言"灯彩"和中国文化符号"兵马俑",创意了"漂亮的兵马俑灯笼"这一现代装置作品,拓宽了其艺术空间,让兵马俑这一中国文化符号重新在世界文化遗产中传播。

2012 年至今,由朝阳区创意设计制作的"漂亮的兵马俑灯笼"已声名在外,到多国进行展出受到热烈欢迎之余,还使中国传统灯彩艺术走进了国际的视野。随着实践活动的深入,又新创意制作出了"维他命兵马俑",以此象征着生命的维系、民族文化的传承。新研发的"维他命兵马俑"通体由数千个紧密排列,拇指大小晶莹剔透、色彩斑斓的玻璃瓶构成。它的创意设计主要源于海外市场的需求,需要兵马俑灯笼的新创意、新形象。

三、实践——传统文化的价值检验

"漂亮的兵马俑灯笼"制成后,2008 年首次亮相世贸天阶奥运文化广场,此后被奥运博物馆正式收藏。伦敦奥组委代表团来参观时,深深地被展览独特的创意、强烈的视觉冲击力和精湛的传统手工技艺所感染,并邀请"漂亮的兵马俑灯笼"在伦敦奥运会举办之时到英国展出。随后,2012年8月1日至8月5日,"漂亮的兵马俑灯笼"再次走进英国,在第25届"英国斯托克顿国际河畔艺术节"展出,受到当地政府官员、民众及各国游客的热烈喜爱。

2012年"英国斯托克顿国际河畔艺术节"

2014年1月29日至2月7日,"漂亮的兵马俑灯笼"受邀赴英国爱丁堡大学展出。时值中国春节,100个兵俑、4个战马灯笼集合巴洛克城池,东西方文明悄然对话,让观众瞬间成了穿越角色。五彩斑斓的灯笼形式再现了中国古代陶土泥塑的兵马俑,传递出鲜明浓郁的中国文化特色,让海外学子们从中感受到中国春节的独特魅力。

2014年英国爱丁堡大学

2015年春节期间,"漂亮的兵马俑灯笼"分别赴澳大利亚悉尼、芬兰赫尔辛基和爱沙尼亚塔林进行展出,共同庆贺中国农历新年。悉尼中国农历新年庆典创意总监吉尔·米纳温妮评价:兵马俑灯笼展是悉尼市政府中国农历新年庆典有史以来最壮观、瑰丽的展览。

2015年澳大利亚

2016年,"漂亮的兵马俑灯笼"又先后在克罗地亚萨格勒布、捷克布拉格以及哥伦比亚波哥大等地进行展出,受到了参观展览的各国游客的好评及喜爱。值得一提的是，2016年3月28日至30日，习近平主席对捷克进行国事访问期间，"漂亮的兵马俑灯笼"作为东方文化符号的象征，随同展出。

2016年克罗地亚萨格勒布

2016年捷克布拉格

2016年哥伦比亚波哥大

创新非物质文化遗产工作模式，
彰显城市地域文化

天津市和平区非物质文化遗产保护中心办公室主任　单魁居

我在公共文化服务系统(天津市和平文化宫)工作了将近40年,从事非物质文化遗产保护、普及、宣传、传承工作已有10年,积累了一些工作经验,也有很多心得,并对未来的非物质文化遗产事业也有一些设想。借"京津冀公共文化服务示范走廊"发展联盟论坛的宝贵机会,和大家进行交流,并恭请各位领导、专家、同行多多指正。

和平区是天津市的商业中心、文化中心、饮食中心、信息中心,素来有"天津之心""城中之城"的美誉,也是知名的"全国文明城区""全国文化模范区""国家公共文化服务体系示范区"。我们自2007年起开展非物质文化遗产的普查、调研、摸底、宣传、申报等一系列工作,与天津市其他十几个区县相比,我区做到了5个率先:一是率先成立了和平区非物质文化遗产保护中心,配置了专门干部;二是率先建立了和平区非物质文化遗产展览馆,精心布展,社会反响很大;三是率先建立了非物质文化遗产数据库;四是率先开展了"非物质文化遗产大篷车下基层"等有创意的多项活动;五是率先成立了非物质文化遗产志愿者协会组织。截至目前,和平区的非物质文化遗产保护工作已经进行了4批,包含8个门类,38个项目。其中有3项被列入国家级非物质文化遗产项目,17项列入天津市级非物质文化遗产项目。这样的成果,无论是数量还是质量,在天津市区县中都是比较突出的。由于工作出色,和平区非物质文化遗产保护中心荣获了"天津市非物质文化遗产保护先进单位"称号,我还被评为文化部全国非物质文化遗产保护先进个人。

一、和平区非物质文化遗产工作的经验和体会

(一)敢于创新模式,让非物质文化遗产项目下接地气

"非物质文化遗产"是近十几年才出现的新词汇,社会上都不大了解它的内涵和意义。为了让广大市民享受非物质文化遗产保护成果,积极投入到非物质文化遗产保护传承中来,2011年我们创办了"和平区非物质文化遗产大篷车"这一独特的宣传形式,并取得了显著成果。

"非物质文化遗产大篷车",就是一座流动的非物质文化遗产小型展览馆,是一支流动的非物质文化遗产宣传队和非物质文化遗产知识库。它采取一展、二讲、三观、四感的立体宣传形式,深入到基层,让观众感性地了解了我区的非物质文化遗产项目,增强了非物质文化遗产保护意识。它的活动形式包括如下。

一是固定"货品":准备了非物质文化遗产知识宣传单,免费发放;绘制了39块非物质文化遗产项目大展牌;4种非物质文化遗产项目展品;并有2名代表性传承人在现场进行传习或演示;配备1名非物质文化遗产讲解员进行讲解、现场咨询。

二是个性"菜单":把全区非物质文化遗产项目编排成8个不同的"套

餐"，供基层宣传点自主选择，他们需要什么"套餐"，我们就提供什么内容。

三是总体"多元性"：非物质文化遗产大篷车有读的、听的、看的、吃的、摸的，既能学到非物质文化遗产知识，也能品尝非物质文化遗产美食，还能欣赏精彩的非物质文化遗产项目表演，所以深受基层群众欢迎。

每次开展"非物质文化遗产大篷车"下基层活动，大致都设4个分区，即"非物质文化遗产成果传习区""非物质文化遗产成果展览区""非物质文化遗产技艺体验区"和"民间游戏活动区"。由于活动内容丰富，形式多样，可动性和互动性很强，所以基层群众都非常欢迎，踊跃前来观看，积极参加活动。

5年来，我们开展了"非物质文化遗产大篷车"社区行、中学小学校园行、军营行、工厂行、商店行、"大墙行"（即深入到监狱中开展活动）等已达百余场，活动得到了各个基层的大力支持，特别是在各社区居委会的居民、中学和小学学生中间，反响更是热烈。伴随"非物质文化遗产大篷车"社区行，我们还举办了"非物质文化遗产就在我身边"全市少儿征文大赛和绘画大赛，报名参加者数量出乎预料，成果喜人。"非物质文化遗产大篷车"使展览馆这一传统的固定的"死"形式活了起来，很远的距离近了起来，陌生的面孔亲切起来。实践证明，它是非物质文化遗产项目最有效的宣传教育形式之一，《天津日报》《今晚报》、北方网、天津电视台等多家新闻媒体对此项活动都进行了多次报道。

（二）做好"活态保护"，把传承人当作工作核心

非物质文化遗产是社会历史发展过程中形成的世代相传的非物化形态的精神与技艺，而这种精神与技艺就附丽在"人"上。简言之，"非物质文化遗产保护传承"就是以项目传承人为核心的工作。

　　我在工作中发现,非物质文化遗产有着"人在艺在、人亡艺绝"的活态化特征,因此保护传承人和传承人所活动的文化空间就显得尤为重要。查看天津和其他省市数百个非物质文化遗产项目,对照全国各地的非物质文化遗产传承形式,能够看到,他们基本上都是在家庭内部传承,或者拜师收徒传承,我认为,这样的传承方式有很大的局限性。

　　于是,我们在这方面认真做好宣传工作,努力提高"非物质文化遗产"传承人的地位,让他们受到社会各方面的充分尊重,让社会各界在逐渐认清非物质文化遗产项目的宝贵性和重要性的同时,也了解项目传承人在非物质文化遗产中不可或缺的独特性和唯一性。我们认真做好"非物质文化遗产传承人"的认定工作,用科学的实事求是的办法,解决一些项目在申报中的传承人重叠现象以及传承人的历史争执纠纷问题。抓紧有利时机为非物质文化遗产传承人建立"谱系"。我们把传承人当作"宝贝",格外尊重,逢年过节,我们的工作人员还买食品等礼物逐一登门慰问。传承人也把我们工作人员当成朋友,有了困难或心里话也愿意找我们讲。

　　另外,还要积极解决传承人断层的问题。我们的做法是,打破和批判家庭传承中"传男不传女,不传外姓,不传外地人"等传统旧思想的禁锢。在师徒传承上,我们积极帮助项目负责人联系落实喜欢该项目的年轻人,宣讲非物质文化遗产项目的文化价值和历史价值,让年轻人从心眼里喜欢,能够愿意拜师学艺,并对师傅永远尊敬,有决心克服困难,坚持把传统技艺学到手,当好传承人。仅此还不够,我们还积极开拓新的传承形式,比如,在学校建立非物质文化遗产项目传承基地,培养中小学生对非物质文化遗产文化的兴趣,了解非物质文化遗产项目所蕴含的深厚文化意义,从小就树立做一名传承人的强烈愿望。再比如,我们在社区内开展活动,从中青年当中、从下岗职工中寻找传承人,一方面解决非物质文化遗产项目断档难题，同时解决了下岗职工的再就业问题。另外，在对传承人的认识上，我认为，不要将年龄绝对化，拜师学艺也应打破年龄界限和僵化思维。现在很多刚退休的老人虽然过了60岁，但身体很好，精力充沛，生活和经济上无后顾之忧，愿意再学习新技艺，开始人生新征程，愿意实现年轻时因工作繁忙没有实现的梦想。我认为，从这些老年人中寻找传承人，也是一条可行的路径。虽然他们可能比师傅年龄大，但这又有什么关系呢？

（三）凝固非物质文化遗产成果，用文字进行广泛传播

我区十分重视非物质文化遗产成果的保存、流传、宣传工作，努力让非物质文化遗产的价值获得扩展和新生。我认识到，用图书和画册等纸质载体，凝固形象化的非物质文化遗产项目，留给历史，传播四方，是非常重要的一种形式。所以，从开始从事非物质文化遗产工作起，我就有了这种意识，并努力搜集相关资料，积极联系出版单位，落实撰写稿件的作者和摄影师。截至2016年9月，我区非物质文化遗产中心已经出版了两辑精装版和平区非物质文化遗产图典大画册，画册制作印刷得非常精美，完全可以当作珍贵礼品送给嘉宾。另外，我又组织了天津数十位有实力的作家、诗人，创作并由国家正式出版社出版了"和平非物质文化遗产系列图书"，计划出版4至7本。第一本《民族魂魄——和平非物质文化遗产中的核心价值观》已经于2015年正式出版。我们在工作中发现很多非物质文化遗产项目蕴含着丰富的中华优秀传统文化，项目的一代代传承人，都在努力地遵循实践着"爱国""和谐""诚信""敬业""友善"等中华传统美德。落实社会主义核心价值观是党中央提出的号召，我们有责任进行贯彻执行。习近平同志说："要注意把社会主义核心价值观日常化、具体化、形象化、生活

化,使每个人都能感知它、领略它,内化为精神追求,外化为实际行动,做到明大德、守公德、严私德。"因此,我们选取了一个非常新颖的角度,从和平区非物质文化遗产项目中挖掘出人们喜闻乐见的33篇故事,分为"富强·爱国篇""和谐·友善篇""文明·民主篇""诚信·敬业篇"4辑,编辑了这本书,既宣传了非物质文化遗产保护知识,又落实了党中央的精神。这本用非物质文化遗产故事来生动有趣地宣传核心价值观的书,发放到学校、社区的学生和居民手中,很受人们欢迎。和平区区委、区政府和天津市有关文化和非物质文化遗产部门的领导,对我们编辑出版这本书给予了很高的评价。

第二本是诗集《诗情义聚永》。义聚永酒业是中华百年老字号,它的产品有数百年历史,出口180多个国家和地区,曾于1915年在美国旧金山举行的万国博览会上荣获金奖。义聚永金星牌的3种酒的制造工艺经和平区非物质文化遗产中心批准并申报,现在是天津市级的非物质文化遗产保护项目。该单位创建了闻名的酒文化博物馆,十分重视非物质文化遗产保护工作,在天津地域文化中占有十分重要的地位。我特地组织了天津数十位诗人到该企业进行采风、参观、座谈,然后大家创作了180余首新体诗歌、古体格律诗词、楹联、赋,用文学艺术形式形象地宣传了中国酒文化,讲述了非物质文化遗产项目传统手工工艺。诗集出版后,不仅受到该企业的热烈欢迎,还在天津诗坛引起了强烈反响,同时,也受到热爱非物质文化遗产文化的各界人士的喜爱。

下一步,我们列入出版计划的还有《传统太平歌词》《老天津民谣》《刘立福评书聊斋》等图书,正在搜集资料和编辑中。另外,我们还编印过《国家级非物质文化遗产项目中国民间戏法艺术研讨会论文选》等书籍。为配合天津市旅游文化产业的发展,我们近期还要绘制并出版一张"和平区非物质文化遗产旅游图",以手绘地图的形式,让本市和外地的市民与游客通过此图了解我区非物质文化遗产的方位和内容，从而动员全社会更广泛地关心、热爱、参与到非物质文化遗产保护工作中来。

二、创建高档次、现代化的和平区非物质文化遗产展览馆，充分彰显天津城市地域特色

在和平区区委、区政府的关心和支持下，新的"和平区非物质文化遗产展览馆"正在施工布展中，估计2017年4月前后能完成，并对外免费开放。届时，原先窄小的和平区非物质文化遗产展览馆内的展品要全部移到新馆。新展馆坐落于和平区五大道地区的民园体育场内，室内面积有1000多平方米。五大道是四海闻名的小洋楼聚集地，这里浓缩了天津百年近代史风云，号称"万国建筑博览会"，现已成为天津市旅游的重要景区，每天都有大量的中外游客来此参观游玩。五大道属于寸土寸金之地，区里特意拨出这样珍贵的大面积场地开办展览馆，充分说明了区领导对非物质文化遗产工作的高度重视。

我们聘请了专业的设计公司进行展览设计，并反复征求著名专家和相关市区领导的意见，对方案修改了9次，不断完善，积极吸收当代最前沿的展馆设计理念，立足创新，展馆的总体风格体现出以下4方面特点。

（1）联合国及国务院有关非物质文化遗产各种法规、公约、指导意见等各种文件精神和相关非物质文化遗产知识介绍与声、光、电、地图、3D投影等多种现代宣传手段有机结合，寓教于乐，避免了展览的枯燥感。

（2）和平区百年传承的38个非物质文化遗产项目（截至前四批）与观众的参与互动、亲身体验、查阅相关图书资料、聆听非物质文化遗产讲座、观看传承人表演等多种参观方式巧妙结合，增添了参观过程的趣

味性。

（3）对非物质文化遗产展览馆的整体设计思路、色彩和线条运用、材料选取、展品布置等，都做到了与五大道小洋楼旅游核心区域的整体风貌建筑格局自然结合，使非物质文化遗产展览馆和谐地融入五大道旅游区的布局中。

（4）我们在对和平区非物质文化遗产项目进行介绍时同宣传和平区100多年厚重的人文历史、民风习俗巧妙地结合起来。将历史与现实融会贯通。为此，我们提出一个响亮的口号："参观非物质文化遗产展览两小时，了解天津和平一百年"。

我们在非物质文化遗产展馆墙壁上，设计了大幅的中国地图和世界地图。上面分布了联合国科教文组织通过的世界级的非物质文化遗产项目。还有一份和平区的非物质文化遗产地图。我们在非物质文化遗产展馆中，特意开设了一间非物质文化遗产图书馆，计划投资数十万元，购买全国各地出版的有关各省市的非物质文化遗产图书、画册、研究学术专著，免费向各地群众开放，把和平区非物质文化遗产展馆打造成学习、交流、研究非物质文化遗产文化的阵地。据了解，全国的非物质文化遗产展览馆已有很多，但在非物质文化遗产馆内专门设立非物质文化遗产图书馆的，仅有和平区一家。这也是我们非物质文化遗产展馆的一大亮点和特色！

同时，我们还在展馆设立了非物质文化遗产传承区。观众可以在这里观看传承人的表演、操作，观众可以参与互动，照相留念，增添了展馆的趣味性、互动性。此外，还有坐上民国老式有轨电车穿越游览历史上的和平区等内容。

三、围绕"传承创新，价值再生，合作共赢"主题，更有效地进行非物质文化遗产保护传承，促进京津冀非物质文化遗产工作的协同发展

针对论坛主题，根据京津冀三省市的地域特点和人文环境，在努力发展我国非物质文化遗产事业方面，我提出以下几点建议。

（1）创办"京津冀非物质文化遗产大篷车"。借鉴和平区的经验，由京津冀三家省级非物质文化遗产保护中心牵头，把这三地有代表性的典型非物质文化遗产项目分门别类，组建若干个非物质文化遗产流动小展馆，打出"京津冀非物质文化遗产大篷车"的旗号，派出专门人员，常年在三地的城市和乡村中巡回展览，深入到社区、村庄、学校、军营、企业、机关、商场等最基层的地方，让非物质文化遗产项目接地气，让底层各界百姓真正了解非物质文化遗产、接触非物质文化遗产、热爱非物质文化遗产、传承非物质文化遗产。

（2）在社区、村落、学校、各级的文化中心、青少年活动中心、文化馆、文化站、图书馆、各种展览馆、美术馆等基层单位，积极创建各种类别、各种建制、各种形式的非物质文化遗产传承基地。很多的非物质文化遗产项目，如泥人、面人、葫芦制作、年画、剪纸、各种戏剧、民间曲艺、民间花会等，都迫切需要有自己的活动、展示、表演、交流、学艺、讲座、传承的基地。有了基地就有了家，有了根。依靠基地，可以一方面宣传非物质文化遗产知识，让学生和群众了解和热爱非物质文化遗产项目，积极发现和培养传承人，同时，还可以帮助社会解决部分人员的就业问题。比如，我们和平区的劝业场街道就与区残联联合建立了传统工艺葫芦制作基地，很有成果，获得了良好的社会效益与经济效益，除了将葫芦制作工艺

发扬光大,还帮助一些残疾人就业,通过产品销售解决了生活收入问题。

(3)三省市联合出版非物质文化遗产图书画册。可以按照非物质文化遗产类型,精选出最能彰显三地地域特色的项目,共同组成编委会,精心编选,正式出版,共同出资,共同受益,京津冀互相交流,扩大非物质文化遗产的社会影响。除了普通的图书画册外,还可以组织作家、诗人、编辑创作非物质文化遗产内容的动漫书、连环画书等,这类图书特别适合青少年阅读。还可以从非物质文化遗产项目中挖掘动人故事,拍摄微电影、网络短剧、话剧小品、小戏曲、曲艺等,甚至根据非物质文化遗产项目创作影视剧和大型话剧。

(4)三省市要多举办多种形式的非物质文化遗产展览、比赛、征文、征诗、联谊、文艺汇演、采风、交流、高端论坛等互动活动。这种活动不见得非要在大城市中心区举行,完全可以在小城市、偏僻农村、山区举办。不要每年仅仅在6月份的"文化遗产日"期间举行,应该常年不断开展,特别是春节、清明节、端午节、中秋节、国庆节等,更要重视,因为很多的非物质文化遗产项目都能够和这些节日有机联系起来。尤其是中华民族传统节日,里面有很多的文化内涵,特别需要当今的青少年了解相关的知识。我们利用节假日举办非物质文化遗产活动,肯定会受到广大群众的欢迎,并且也会得到各种新闻媒体的关注。

试论秦皇岛地域文化发展与时代价值

——以非物质文化遗产为中心

秦皇岛日报社　王红利

今年是我国《非物质文化遗产法》颁布实施5周年。党的十八届五中全会提出"构建中华优秀传统文化传承体系,加强文化遗产保护,振兴传统工艺",这无疑是对非物质文化遗产保护工作提出的新要求。下面就秦皇岛地区的地域文化特色谈一下如何保护、发展和传承非物质文化遗产,介绍一下我们的想法和做法。

一、历史有多悠久,文化遗产就有多丰厚

文化是人类活动的产物,形成于一定的地域之中,因此,文化总是与特定的地域相联系,形成不同特色的地域文化。一方水土孕育一方文化,一方文化影响一方经济。习近平总书记在系列重要讲话中频频提及"中华优秀传统文化是中华民族的突出优势,是我们最深厚的文化软实力""培育和弘扬社会主义核心价值观必须立足中华优秀传统文化"等。随着施政目标的全面推进,习近平总书记的文化战略思想凸显,即弘扬

社会主义核心价值观,提升国家文化软实力,建设社会主义文化强国,这是当前和今后一个时期内国家发展和文化建设的指导思想。

文化,是一个民族存在之基,是一座城市区别于其他城市的标识,更是一座城市的灵魂所在,地域文化是该地区经济和社会发展的历史性积淀,也是其发展的动力和源泉。任何一个区域经济社会的发展都必将受到地域文化、传统观念的影响,而地域文化又与当地经济、政治相互交融。鲜明的地域文化不仅是一个城市的根本特征,同时也是一个地域经济社会持久发展的原动力。

秦皇岛位于河北省东北部,她北倚燕山,南襟渤海,东接辽宁,西扼京津,地理位置、人文环境得天独厚,逐渐形成了其独特的地域文化。由于渤海北临燕国,自然受到燕国古老的方术以及仙道文化的影响,加之燕国这一带海面上经常出现海市蜃楼,这一现象又被方士蒙以神仙色彩,据《史记·秦始皇本纪》记载:"齐人徐市等上书,言海中有三神山,名曰蓬莱、方丈、瀛洲,仙人居之。"所以这片古老的大海一直被一种神秘的色彩所笼罩。

秦始皇于公元前215年东巡碣石,并在此拜海,先后派卢生、侯公、韩终等两批方士携童男童女入海求仙,寻求长生不老药。其后众多帝王纷纷履足碣石,汉武巡幸、魏武挥鞭、唐宗驻跸,从而衍生出秦皇岛地区特有的帝王文化、求仙文化、碣石文化。

商汤初年,始封孤竹,封墨台氏为孤竹国国君,公元前664年被齐国所灭。孤竹侯共传9世,从立国到灭亡存在了940多年。孤竹国第九世君墨胎初的两个儿子长子伯夷、第三子叔齐,因礼让为国、叩马谏伐、耻食周粟、饿死首阳而闻名于世,后被儒家始祖孔子尊为圣贤,认为他们兄弟"不降其志,不辱其身"。孟子亦如此称颂伯夷、叔齐:"'闻伯夷之风者,贪夫廉,懦夫有立志''奋乎百世之上,百世之下莫不兴起,非贤人而能若是乎?'"经过孔子、孟子两位大儒的称颂,伯夷、叔齐遂成为儒家的道德楷模。淡泊名利,礼让谦和,直言敢谏,伸张正义这些积极的价值观一直影响到今天。

以伯夷、叔齐为代表的孤竹文化成为燕赵文化乃至整个中国传统文化的重要组成部分,是儒家文化的开端,孤竹文化在更大程度上可以理解为一种道德文化,它体现了绝不苟且的出世精神,其精神内涵早已融入中华民族的精神血脉之中。

李泰《括地志》记载:"孤竹古城在卢龙县南十二里,殷时诸侯孤竹国也。"2011年,河北省文物部门专家前往蔡家坟村实地调查,并在这个村的北岭开出了一个高约4.5米、宽近2米的土层剖面,发现其中堆积着11个文化层。来自中国人民大学、辽宁省文物考古研究所和河北省社科院、河北省文物局等单位的专家学者经过实地考察和充分论证,初步认定孤竹国都城就在秦皇岛卢龙县的城南。

《诗经·商颂·玄鸟》中即有"天命玄鸟,降而生商"的说法,《竹书纪年》和《史记·殷本纪》中亦有类似说法,不论玄鸟指的是凤凰还是燕子,都是殷商族的图腾。郦道元《水经注》记载:"玄水径孤竹城北,西入濡水,则城在濡水东、玄水南,二水交会处。"古玄水为古濡水(今滦河)支流,是自燕山山脉中段少见的横穿而过的一条大河。玄水即青龙河,为滦河最长的一条支流。孤竹国作为一个以滦河、青龙河为中心流域发展起来的诸侯国,向西可达到今河北省迁安县境内,向东则应该包括现在的秦皇岛市的卢龙、昌黎、抚宁、青龙县,以及滦河中下游的唐山市滦县、滦南和乐亭等县。

因此,秦皇岛市与孤竹古国相关的非物质文化遗产十分丰富,"伯夷、叔齐历史传说"入选第二批省级非物质文化遗产名录,"玄鸟生商的历史传说""李广射虎的历史传说"以及"老马识途的传说"均入选第三批省级非物质文化遗产名录项目。

卢龙县近年致力于孤竹文化研究,2009年6月18日,在经过中国民协、中国文联的慎重考评后,中国孤竹文化之乡、中国孤竹文化研究中心双双落户卢龙,为孤竹文化研究提供了更大便利,并先后整理出版了《孤竹史稿》《卢龙记忆》《走进孤竹》《东方德源》《中国孤竹文化》等学术专著。

历史有多悠久,文化遗产就有多丰厚。数千年的历史积淀,无数代的文化传承,使得秦皇岛这片土地承载了丰厚的文化遗产,除了长城、建筑、港口等物质文化遗产之外,更蕴含着极为丰富的非物质文化遗产。

在秦皇岛地区的历史发展过程中逐渐形成了孤竹文化、求仙文化、碣石文化、孟姜女文化、长城文化、海洋文化、别墅文化、旅游文化、港口文化、老呔文化等诸多具有浓郁地方特色的地域文化。在诸多文化遗产中,非物质文化遗产占了多数,所以,重视非物质文化遗产,保护非物质文化遗产,传承非物质文化遗产,让非物质文化遗产在社会主义现代化建设中发挥其应有的作用,是我们必须面对的课题。

非物质文化遗产并不遥远,非物质文化遗产就在我们身边,只要将非物质文化遗产项目与生产生活相结合,与文创产业相结合,非物质文化遗产的文化属性与独特魅力立刻就会呈现出来。弘扬这些具有鲜明地域文化特色的非物质文化遗产项目不论是对于推动当地经济发展,还是推动整个社会进步都必将产生积极而深远的影响。

二、非物质文化遗产保护,需要建立起科学有效的传承机制

随着现代化进程的发展,特别是城镇化的不断加速,许多非物质文

化遗产项目赖以生存的环境遭到破坏，日渐濒危。因此，非物质文化遗产保护工作与新型城镇化建设相结合、与市场相结合、与当代相结合，才能让非物质文化遗产走上健康发展的轨道。"让城市融入大自然，让居民望得见山、看得见水、记得住乡愁"成为国人的共识，如何保存我们的文化血脉，守望历史，呵护乡愁就成为我们必须面对的课题。惟其如此，非物质文化遗产才能真正焕发出自身的生命活力，展现出自身独特的文化魅力。

非物质文化遗产作为一种生活方式，是我们民族的历史记忆和生命基因，保持其鲜活的生态，赋予其强大的生命力才是根本。非物质文化遗产最好的保护是传承和发展，而发展是在继承传统的基础上的创新。"以人为本，活态传承"，非物质文化遗产的传承应以传承人为核心，由政府与民间合力推动非物质文化遗产的传承与发展。我们的具体做法是由政府主导、民办公助，广泛调动社会力量共同参与。当然，非物质文化遗产项目的丰富性决定了保护方式的多样性，不同的非物质文化遗产项目应该有不同的保护传承措施。

秦皇岛市早在 2006 年即成立了市非物质文化遗产保护工作领导小组，下设工作办公室，并在市群艺馆下设立秦皇岛市非物质文化遗产保护中心，负责全市非物质文化遗产保护工作的具体组织实施和联络交流，具体组织我市非物质文化遗产保护项目的挖掘、抢救、研究、保护和整理工作；负责对全市基层非物质文化遗产从业人员的指导和业务培训；建立和管理秦皇岛市非物质文化遗产保护档案资料库等。

2009 年，秦皇岛市开展全市性的非物质文化遗产普查工作，初步摸清了我市非物质文化遗产的种类和数量。通过此次深入调查走访，收集整理了大量一手资料，初步摸清了我市非物质文化遗产资源的现状及分布情况，同时挖掘出了一大批社会影响大、文化价值高、传承意义大、濒临灭绝的非物质文化遗产项目,对重要资料和珍贵实物做到了心中有数,前期普查工作成效显著。

规范管理,制度先行。我市依据《中华人民共和国非物质文化遗产法》和《河北省非物质文化遗产条例》,结合我市的实际情况,于2007年、2014年先后印发了《秦皇岛市非物质文化遗产代表作申报评定暂行办法》和《秦皇岛市非物质文化遗产项目代表性传承人认定与管理暂行办法》。

严格按照法律法规的规定,广泛普查、深入调查、细致筛选、扎实整理、积极申报,将真正具有代表性的非物质文化遗产项目纳入名录管理。目前,我市国家级非物质文化遗产名录5项;省级非物质文化遗产名录29项;市级非物质文化遗产名录90项。国家级非物质文化遗产项目代表性传承人4人;省级非物质文化遗产项目代表性传承人28人;市级非物质文化遗产项目代表性传承人87人。我市的5项国家级非物质文化遗产项目,都已经建立了相应的保护基地,对重点非物质文化遗产项目定期举办培训班进行系统的培训。

首批省级非物质文化遗产项目"青龙猴打棒"表演(拍摄:马卫庆)

秦皇岛市非物质文化遗产保护中心成立以来,每年都开展主题鲜明、形式多样的非物质文化遗产保护、展示宣传活动,加大宣传力度,对《非物质文化遗产保护法》进行宣传,使非物质文化遗产日渐深入人心。最近的一次,我市"德庆堂沙土画""海阳白腐乳制作技艺""酒葫芦制作技艺"等市级非物质文化遗产项目亮相首届京津冀非物质文化遗产精品联展暨第四届廊坊特色文化博览会,通过传承人现场展示,让广大观众充分体会到我市非物质文化遗产的魅力。

我市还编辑出版了《秦皇岛市非物质文化遗产图典》和《秦皇岛市非物质文化遗产普查成果汇编》,力求融知识性、通俗性、审美性、权威性、普及性于一体,这些图书的出版,系统反映了我市非物质文化遗产普查和保护成果,全面梳理了我市非物质文化遗产文化发展脉系,充分彰显了我市非物质文化遗产的独特魅力和深厚底蕴。

根据非物质文化遗产自身传承、衍变的规律,我市逐渐探索出了非物质文化遗产保护的多种方式,如抢救性保护、生产性保护、整体性保护等。得到了非物质文化遗产保护工作者和传承人的广泛认可与积极响应,在实践中产生了很好的效果。

首先,遵循抢救第一的原则,对濒危的非物质文化遗产项目和年老体弱的代表性传承人采取抢救性保护措施,通过数字化信息采集记录,使濒危的项目和代表性传承人掌握的丰富知识和精湛技艺转化为有形的信息形式,为后人留下珍贵的文化基因。其次,对传统美术、传统技艺和饮食文化类非物质文化遗产项目进行合理的生产、开发,同时积极开发非物质文化遗产衍生品,变保护为创新,变被动为主动,使更多的非物质文化遗产衍生品进入人们的日常生活,促进传统工艺提高品质、形成品牌、实现活态传承,以促进传统技艺的传承、利用和发展。

　　将非物质文化遗产项目列入省遗、国遗名录,这只是非物质文化遗产保护工作的开始,不是结束。找到每一个非物质文化遗产项目的最恰当、最适合的保护、传承与发展的路径,让非物质文化遗产项目焕发出强大生命力,让非物质文化遗产重新融入寻常百姓的生活,与旅游、文化产业发展规划相协调,激发民众文化自觉,真正实现非物质文化遗产的生产性保护,实现非物质文化遗产文化的传承传世。

　　我市昌黎县在非物质文化遗产保护、传承工作方面走在全市的前列,该县以"三歌一影"(地秧歌、民歌、吹歌、皮影戏)为重点抓手,扎实推进"非物质文化遗产"的保护、开发、利用,力促非物质文化遗产传承有序。尤其是昌黎地秧歌,作为民间优秀传统舞蹈,拥有独特魅力,蕴含着老呔特色,是河北省最具代表性的三大民间舞种之一,2006年入选第一批国家级非物质文化遗产。目前,该县拥有国家级非物质文化遗产项目3项,省级8项,市级10项,县级30项,国家、省、市、县级非物质文化遗产传承人分别达到4人、16人、34人、72人。

　　昌黎县专门制定非物质文化遗产管理办法,明确传承基地应履行的职责和传承人应承担的责任和义务,为非物质文化遗产的保护传承建章立制,有鼓励有约束,促进传承基地和传承人更好地承担责任、主动作为、辐射带动;扶持成立建亮民间艺术学校,从用地审批、学校批办、资金设施等方面,对省级非物质文化遗产传承人宋建亮办民间艺术学校给予全方位扶持;建立19个民间艺术传习所,壮大传承人队伍,积极开展文艺辅导"进校园、进社区"等六进活动,做到文艺辅导常态化、培训成果最大化;加强业务交流学习,组织专业舞蹈教师深入全县17个乡镇进行昌黎健身秧歌培训,受益群众达万余人;举办国家级非物质文化遗产项目昌黎民歌培训班、省级非物质文化遗产项目昌黎吹歌培训班,培训100余人次。

昌黎县还积极鼓励各种非物质文化遗产项目走出家门,走向更广阔的舞台。昌黎地秧歌先后为北京奥运会和上海世博会等大型活动助演,还代表中国民间艺术出访马来西亚和韩国,参加文化交流活动。2013年获得中国民间文艺最高奖"山花奖";参加了央视2014年度《我要上春晚》的总决选,距登上2015年羊年春晚仅一步之遥;2015年,昌黎地秧歌又参加浙江卫视《我看你有戏》栏目,并加入成龙战队,获得全国14强,再次把这项民间艺术展示给全国观众;今年年初,昌黎地秧歌《炫舞哒风》参加了中央电视台七套2016年《过年了——农民新春联欢会》的录制。昌黎地秧歌如此频繁地在各级媒体曝光并受到广大观众的热烈追捧和好评,充分说明了许多非物质文化遗产项目虽然由于各种原因走向濒危的发展窘境,但一旦遇到合适的机缘,就会释放出强大的生命力和巨大的艺术魅力,因为它原本就属于百姓,属于民间,属于艺术。

昌黎县还广泛搜集材料,整理出版非物质文化遗产系列图书《昌黎地秧歌》和《昌黎皮影戏》《昌黎吹歌》和《昌黎民歌》;通过深入挖掘整理,出版了《影戏箭杆王——皮影戏表演大师齐永衡口述史》,并于2012年获得第十届河北省"五个一工程奖"。

三、珍视非物质文化遗产,因为善于继承才能更好创新

秦皇岛地域文化如此丰硕厚重,其实践价值在秦皇岛地区经济社会发展方面产生了极大的促进作用,依靠这些丰厚的旅游资源,秦皇岛成

为全国著名旅游城市,同时也获得了无数的荣誉称号,2001年8月10日,国务院同意将秦皇岛市山海关区列为国家历史文化名城,秦皇岛还是全国首批优秀旅游城市、中国最美的十大海滨城市、中国休闲生态旅游魅力之都、中国最佳旅游生态城市、国际最佳休闲城市等。除此之外,从2004年起,秦皇岛市每年举办一次"望海求仙节",现在已经逐渐升级发展成为"秦皇望海祈福文化旅游节"。中外游客可在此领略当地特有民俗和临海祈愿,这有力地推动了秦皇岛旅游事业的发展。

我市提出大力实施生态立市、产业强市、开放兴市、文明铸市的发展战略,加快建设富有实力、充满活力、独具魅力的沿海强市、美丽港城。因此,发展文化产业,无疑符合且能够促进秦皇岛的城市发展目标的实现和产业结构尽快调整的战略。"一方水土养一方人",秦皇岛位于东北、华北、环渤海三大经济区的交汇处,是人员、资金、货物与信息的集散地,形成了独特的地域文化。加之,在历史上曾有过多次大规模的迁徙活动,作为有着百余年历史的著名旅游城市,外来文化与本土文化相交融,使得秦皇岛地域文化呈现出"丰富性、开放性、包容性"的特征。积蕴丰厚的秦皇岛地域文化对于丰富城市文化内涵、增强城市文化魅力具有不可替代的作用,地域文化为经济发展提供精神动力和文化氛围,市场经济使地域文化形成文化经济,必将产生巨大的经济效益和社会效益。

非物质文化遗产,延续着一个国家和民族的精神血脉。秦皇岛作为全国首批沿海对外开放城市,要真正建设成为富有实力、充满活力、独具魅力的沿海强市、美丽港城,就必须以文化建设促进城市整体发展和综合实力的提升,打造"地域文化名片",提升整体城市形象,而推进非物质文化遗产事业与时俱进,实现科学发展,是传承和发展地域文化的重要方式,激活非物质文化遗产生命力,为社会文明进步提供精神动力,让地域文化特别是非物质文化遗产项目释放出持久而独特的魅力,发挥时代价值,对于传承、保护、培育、涵养文化生态有着重要意义,我们文化工作者应该更加主动地肩负起引领与推动文化生态建设的历史责任,为实现中华民族伟大复兴的中国梦凝聚文化力量。

非物质文化遗产的生产性保护与文化创新

北京市东城区文化委员会党委副书记、主任　王伟东

北京市东城区位于首都功能核心区,2010年由原东城区和崇文区合并而成。面积41.84平方公里,常住人口91万,是北京皇城文化和京味文化最具代表性的区域。区域内历史遗存众多,文化底蕴深厚。东城区政府把历史文化名城保护与发展作为第一位的重要任务,高度重视非物质文化遗产的保护传承与发展。通过政策引导、组织建设、资金倾斜和积极广泛的宣传推广,为非物质文化遗产传承人提供适宜的生存空间,在保护传承的基础上,充分利用非物质文化遗产元素推动非物质文化遗产的生产性保护,使非物质文化遗产成为展示中国优秀传统文化的重要窗口和文化创新的丰沛源头。

一、关于非物质文化遗产生产性保护的背景

2003年,通过联合国非物质文化遗产保护公约,对非物质文化遗产产品的定义是这样的:被各社区、群体,有时是个人,视为其文化遗产的各种实践、展示、表达、知识和技能,以及与之相关的工具、事物、手工制品和文化空间。

公约中同时指出：各社区、各群体为适应他们所处的环境，为应对他们与自然和历史的互动，使这种代代相传的非物质文化遗产得到不断的再创造，同时也为他们自己提供了一种认同感和持续感，由此促进了文化的多样性和人类的创造力。

在众多专家和非物质文化遗产保护工作部门的建议和推动下，文化部确定了非物质文化遗产保护工作"保护为主、抢救第一、合理利用、传承发展"的方针。2009年，全国非物质文化遗产资源普查工作结束。2010年，文化部办公厅发布了《关于开展国家级非物质文化遗产生产性保护示范基地建设的通知》。要求传统技艺、传统美术和传统医药药物炮制类的非物质文化遗产项目，在具有生产性质的实践过程中，以保持非物质文化遗产的真实性、整体性和传承性为核心，以有效传承非物质文化遗产技艺为前提，借助生产、流通、销售等手段，将非物质文化遗产及其资源转化为文化产品的保护方式。目前，此项工作已经成为目前非物质文化遗产保护工作的重点。

二、基本情况

2007年，东城区推出北京市第一个区级非物质文化遗产名录，使国家、市、区三级名录得以完善。截至2015年，共评选出东城区名录项目136个，其中31个进入国家级非物质文化遗产代表作名录，61个项目进入北京市级非物质文化遗产代表作名录。同时，东城区拥有国家级代表性传承人33人，市级代表性传承人75人，区级代表性传承人195人。如此多的项目和传承人显示出东城区作为首善之区深厚的文化底蕴，同时也给非物质文化遗产保护工作提出了更高的要求。为了给非物质文化遗产的传承、保护和研究提供兼具专业性、权威性和史料性的重要文件，

2010年起,东城区组织出版了《东城瑰宝——北京市东城区非物质文化遗产名录项目汇编》和《东城区非物质文化遗产代表性传承人谱系大典》。通过对代表传承人的口述实录,详细搜集相关传承人的信息和具有代表性的个人成就。同时,编写出版了《景泰蓝》《象牙雕刻》《北京玉雕》《雕漆技艺》等多部非物质文化遗产丛书,让更多的读者了解非物质文化遗产。在春节、清明节、端午节、中秋节等传统节日期间,广泛组织非物质文化遗产项目宣传推广活动,在地坛庙会、龙潭庙会和区文化馆新春游乐会当中,都会安排这些非物质文化遗产项目的参加,深受市民欢迎。特别是2016年的春节,龙潭庙会非物质文化遗产项目全部为公益摊位,由区管委组织非物质文化遗产项目和传承人参展,数量占摊位总数的50%以上,受到了广大群众的欢迎。区委区政府已经决定,由区文化委统一牵头,办地坛、龙潭两个文化庙会,所有的项目都将是公益性的,不会收取任何摊位费,这表明未来100%的非物质文化遗产项目都将会出现在庙会上。

2015年,东城区非物质文化遗产博物馆正式开馆,该馆是全市首家以非物质文化遗产为主题的博物馆,建筑面积950平方米,有300多件非物质文化遗产传承的作品展出,涵盖了北京地区最具代表性的非物质文化遗产项目。开馆以来,众多中小学组织学生前来参观,一些外地从事相关文化工作的人员也前来参观,该馆已经成为北京市展示、宣传、交流非物质文化遗产的重要阵地。以"用心灵感悟文化、用行动传承非物质文化遗产"为主题,推动非物质文化遗产进校园工程,非物质文化遗产中心与东城区教育学院合作,开展了非物质文化遗产教育概论的培训课程,对中小学教师开展了非物质文化遗产课程的培训,并组织实践活动,取得了良好的效果。截至2015年年底,东城区两所学校被命名为北京市级传承示范基地。近年来,按照文化部"春雨工程"的要求,东城区非物质文化遗产项目和传承人分别赴天津、山西、内蒙古、新疆、云南、海南、西藏等省市自治区进行了宣传展示,在2015年京津冀非物质文化遗产传统手工艺作品设计大赛中,东城区组织的项目也获得了多项大奖。

同时,东城区还以地坛文化庙会走出去的形式,多次组织东城区非物质文化遗产项目传承人到中国台北、曼谷、德国、伊朗等地进行了宣传展示,使当地居民近距离感受到了东城区非物质文化遗产的魅力,进一步扩大了中国传统文化的影响力。东城区非物质文化遗产工作得到了各方面充分的肯定和好评。2007年,东城区文化委被文化部命名为北京市第一个非物质文化遗产保护先进集体,东城区非物质文化遗产工作多次获得北京市文化局的表彰,非物质文化遗产传承人和非物质文化遗产保护工作人员先后获得文化部的非物质文化遗产薪传奖、非物质文化遗产保护工作先进者、北京市年度非物质文化遗产保护贡献奖和北京市先进工作者等荣誉称号。

三、生产性保护的主要做法

2010年,文化部下发了《关于开展国家级非物质文化遗产生产性保护示范基地建设的通知》。要求传统技艺、传统美术和传统医药等非物质文化遗产项目,在既有生产过程中,以保护非物质文化遗产的真实性、整体性和传承性为核心,以有效传承非物质文化遗产的技艺为前提,借助生产、流通、销售等手段,将非物质文化遗产及其资源转化为文化产品的保护方式。能够进入非物质文化遗产名录的项目在一定的历史时期,都曾是社会时尚的传播者和大众审美的引领者,所以在今天能够被人们所认知,过去留给我们的生活方式预示着明天的文化发展,非物质文化遗产保护专家认为,非物质文化遗产是动态的,是文化创新,是艺术繁荣的基础和源泉。非物质文化遗产是一种活态的传承,没有文化的延续就没有今天的非物质文化遗产,没有文化的创新就不会有明天的非物质文化遗产。我们可以通过引入现代创意设计人才提升非物质文化遗产产品的品质,从非物质文化遗产中抽取艺术元素进行创新设计,形成新的具有特色的产品。

正是基于这样的认识,东城区的非物质文化遗产保护工作者一直坚持传承与创新并重发展,区举办的非物质文化遗产生产性保护与文化创新培训班,邀请业界专家进行授课,引起了非物质文化遗产保护单位和传承人的强烈反响,激发了他们在生产性保护和文化创新方面的主观能动性,取得了良好的成绩。

2011年10月,文化部公布了第一批国家级非物质文化遗产生产性保护示范基地名单。当时有41个项目企业或单位,39项国家级名录项目进入名单。2014年,国家公布了第二批名单,目前共有100个项目单位入选生产性保护示范基地。北京市也在2011年、2013年和2015年分别公布了三批市级非物质文化遗产生产性保护示范基地名单,有10个单位入选。截至2015年,东城区的北京市珐琅厂有限责任公司和中国北京同仁堂(集团)有限责任公司两个单位被命名为国家级非物质文化遗产生产性保护基地。中国北京同仁堂(集团)有限责任公司和北京京漆镶嵌有限责任公司、北京雕漆设计有限公司、北京象牙雕刻、北京东来顺集团有限公司5个单位被命名为北京市级非物质文化遗产生产性保护示范基地,数量占到北京市的50%。

生产性保护和文化创新,使东城区的非物质文化遗产项目赢得了更广泛的社会认同,赢得了更多的市场需求。比如景泰蓝制作技艺的传承保护单位——北京珐琅厂有限责任公司,在生产性保护上做出了很好的尝试,并取得了很好的效果。

1. 用新型产品扩展新市场

在传统工艺中,景泰蓝基本是以单一摆件的形式出现的。2006年以后,北京珐琅厂在探索景泰蓝工艺新的表现形式和应用领域方面取得突破,完成了一批用于城市景观及室内建筑装饰的大型景泰蓝作品。《花开富贵》景泰蓝艺术喷水池是珐琅厂探索景泰蓝工艺新的表现形式的第一件作品。喷水池整体呈钥匙型,总长28米,最宽处8.2米。喷水池外圈是锻铜工艺,盆沿体下端是一圈錾铜浮雕装饰。水池中心配以喷泉、灯光,整体工程宏伟、壮观。这件600多年景泰蓝工艺史上首次出现的大型平面景泰蓝工艺制品已成为朝外CBD中心区昆泰广场的一大景观。用景泰蓝工艺制作的藏传佛教用品《转经轮藏》,经筒高3.21米,直径2.15米,内部主轴高近6米,采用斜拉钢架结构,整体重量近3吨,稍给外力可自如转动。由北京珐琅厂完成的这件作品,已成为新加坡佛牙寺供人们参观的一大胜景。2007年,北京珐琅厂完成了首都机场专机楼室内景泰蓝工艺装饰工程,这项工程也被称为国门工程。在专机楼大厅、楼道、总统休息室等明显部位,共有大小900余处景泰蓝工艺装饰。吉祥的纹样,喜庆热烈的颜色,极大彰显了中国传统文化和传统工艺的魅力。这一工程也使景泰蓝技艺的应用领域得到进一步扩展,呈现出更为广阔的市场前景。

2. 开发新工艺适应时代需求

在创新、推广产品的同时,北京珐琅厂不断研发新型釉料,以便传统工艺适应时代需要。2006年,北京珐琅厂完成了北京市科委招标的《景泰蓝新釉料及工艺开发》科技项目,成功研制出玫瑰红、玫瑰紫、土黄、男肉色、女肉色5种新型釉料。新釉色鲜艳、靓丽,在色彩饱和度、均匀性、小面积载体及减少砂眼等方面达到国际先进水平,填补了这一领域的空白。特别是土黄色的研制,打破了几百年来传统生产工艺的束缚,创出了一套全新的珐琅釉生产工艺,满足现代人的审美需求。珐琅釉料是形成景泰蓝绚丽色彩的主要材料,自古以来,国内外生产的珐琅釉中都含有一定比例的氧化铅。2009年,北京珐琅厂科研人员成功研制出60余种无铅珐琅釉色。经过初试、中试后,又在景泰蓝产品上反复多次试验,其使用性能及颜色效果均可与含铅釉相媲美。无铅釉的成功研制在国际国内都是首创,填补了国内外这一领域的空白,改写了珐琅釉料含铅的历史。

　　3. 丰富活动扩大项目社会影响力

　　被命名为第一批国家级生产性保护示范基地后,北京珐琅厂在市场营销上不断探索,扩大景泰蓝制品在市民中的影响,使这种原本多用于皇家的艺术品被更多的市民所喜欢和购买。2013年春节期间,北京市珐琅厂于农历正月初二至正月十五,举办了"首届景泰蓝皇家艺术庙会"。据新闻媒体报道,"首届景泰蓝皇家艺术庙会"吸引了大量市民及游客拥入珐琅厂,每天客流达1000多人。在一楼精品厅,每天近百人聆听国家级大师对景泰蓝的释疑解惑、传授现代景泰蓝制品收藏常识。在二楼生产制作互动区,每天都涌进大量带着孩子的夫妇,他们在公司高级技师的指导下,让孩子体验掐丝、点蓝这一皇家艺术的制作过程,使青少年感受到年节的别样趣味。最热闹的景泰蓝小商品特价区,从十几元的钥匙链到100元的七宝烧盘,成为人们争相抢购的目标,柜台前总是挤满了人。一些收藏家也慕名来到珐琅厂"淘"一些老艺人、大师的经典之作。《北京日报》《北京晚报》《北京晨报》、BTV财经频道、北京广播电台、千龙网等多家媒体通过多种途径对庙会进行了报道。据统计,14天里,北京景泰蓝的销售额达180余万元。在这次成功的社会推广营销活动后,2014年春节期间,北京珐琅厂再次举办了景泰蓝皇家艺术庙会。同时,在2013年和2014年国庆节小长假期间,北京珐琅厂又组织了"景泰蓝老物件淘宝大集"。这几次活动都产生了很大的影响。据《北京晚报》报道,原定上午9点开始的大集,8点不到,北京珐琅厂的大门外就已经挤满了前来"抢"老货的市民。这个消息经媒体披露出去后,到北京珐琅厂淘货的人越来越多。这几次活动,使北京珐琅厂的销售业绩得到大幅提升。

北京珐琅厂是我们推动非物质文化遗产生产性保护中的一个成功范例。生产性保护,使东城区的非物质文化遗产项目得到了更广泛的社会认同,赢得了更多的市场需求。在北京APEC期间,众多出自东城区的非物质文化遗产项目和传承人集体亮相。其中,景泰蓝承担了APEC会议中心的工程制作项目;APEC会议的会场上,有3件雕漆屏风是中国工艺美术大师、国家级非物质文化遗产雕漆技艺代表性传承人文乾刚的作品;6件北京玉雕作品入选APEC会议的主会场进行展示;会上约有40件景泰蓝陈设作品,均由北京市珐琅厂制作而成;20多个项目的传承人参加了APEC高官会等会议和各场馆的展示、表演。2013年起,我区多个非物质文化遗产项目单位和多名传承人应邀参与了故宫文物修缮工作。我们非物质文化遗产保护的成果,得到了国家最高文物保护单位的认可。2015年,我们举办了"非物质文化遗产生产性保护和文化创新培训班",促推项目和传承人与文化创意产业结合,利用非物质文化遗产元素,开发更多适应当代社会需求、深受群众欢迎的非物质文化遗产产品。

近年来,东城区将非物质文化遗产保护工作作为创建国家公共文化服务体系示范区的重要组成部分,认真总结以前取得的成功经验,遵循传统,注重创新,走向世界,积极探索更加有利于非物质文化遗产保护的方式方法,不断完善工作体系,强化工作管理,力求在非物质文化遗产生产性保护和文化创新上取得新的成果,成为全国非物质文化遗产保护工作的先锋。

非物质文化遗产保护举措及未来非物质文化遗产普及手段的创新

天津市河西区文化局局长　高文红

非物质文化遗产是维系我们国家优秀民族文化存在和发展的动力和源泉,更是我们精神上的根与魂。河西区历史文化源远流长,积淀着丰厚的历史底蕴,拥有丰富多彩、独具一格的非物质文化遗产资源。

一、认真做好非物质文化遗产普查展示工作,全面保持河西区非物质文化遗产工作良好局面

近年来,河西区的非物质文化遗产保护工作在区委、区政府的领导下取得了显著成绩。自2009年起,河西区开展了非物质文化遗产普查工作。区领导高度重视,建立了普查工作领导机构,组建了专家委员会,制定了普查工作方案,普遍开展了普查人员业务培训,建立了普查工作骨干队伍。充分运用报纸、广播电视、大型标语牌、橱窗、宣传资料等多种渠道,向社会宣传普查工作的意义,动员方方面面的力量参与普查,并在普查的基础上建立非物质文化遗产名录。

截至目前,共有7个门类17个项目进入非物质文化遗产代表性项目名录,其中3项被列入国家级名录,2项被列入市级名录,12项被列入区级名录。其中包括桂发祥十八街麻花制作技艺、挂甲寺庆音法鼓、杨家庄永音法鼓、昆曲、古铜(银)鎏金器修复及复制技艺、哪吒闹海、叶氏中医骨伤科、王(凤山)快板、少林迷踪拳、子午蛇形掌、程派高式八卦掌、津派面塑、津派花丝镶嵌技艺、赵氏手工布艺技艺、唐氏邮票画制作技艺、天津手工羊毛栽绒地毯制作技艺、(王氏)书画碑帖装裱与修复技艺。

河西区还注重加强基础设施建设,在河西区文化中心开设了非物质文化遗产展馆,展出桂发祥十八街麻花制作技艺、挂甲寺庆音法鼓、杨家庄永音法鼓、昆曲、古铜(银)鎏金器修复及复制技艺、哪吒闹海、叶氏中医骨伤科、王(凤山)快板、少林迷踪拳、子午蛇形掌等国家级及市区级的非物质文化遗产项目以及民间民俗用具等。

二、严格执行非物质文化遗产保护政策措施,努力做好河西区非物质文化遗产传承工作

河西区根据非物质文化遗产各个类别项目的不同特点制定科学的保护规划,落实有针对性的传承和保护措施。一是运用文字、图片、音像以及数字多媒体技术,对这些项目进行全面系统地记录、整理,收集相关代表性实物,予以妥善保存,并建立档案及相关数据库。为更好地传播非物质文化遗产项目,河西区以法鼓为题材拍摄了专题纪录片,真实反映了法鼓传承的现状。另外,还通过制作相关的微电影,力图用这种为大众喜闻乐见的形式更加直观地展现非物质文化遗产项目的魅力。二是对国家级非物质文化遗产项目庆音法鼓的銮驾进行复制。法鼓是天津人的独创,历史悠久,它是一种集民间音乐、舞蹈、

武术、美术、雕塑与民风、民俗于一体的综合性民间艺术,具有浓郁的民间文化特色。庆音法鼓最大的亮点——近400岁高龄的"半副銮驾"更是历史文物。河西区投资200多万元对銮驾进行了复制,预计2016年将完成。三是加强对基础设施的建设和对非物质文化遗产项目的宣传。通过加强基础设施建设,展示相关的实物资料,为代表性传承人开展活态展示和组织传习活动提供场所。利用公共文化设施开展讲座、培训、展览等活动,邀请老艺人定期进行传习及排练活动,对社会公众开展非物质文化遗产社会教育,不仅使非物质文化遗产项目的传习环境得到了改善,而且增强了民众对非物质文化遗产的了解和认识。结合文化遗产日和民族传统节日等,广泛开展健康有益的民俗活动和群众文化活动,普及非物质文化遗产保护知识,促进非物质文化遗产的传播。通过少先队员、青年志愿者、妇女干部以及街道社文科干部广泛开展非物质文化遗产宣传活动。四是积极参加京津冀三地非物质文化遗产交流互访活动。2014年,河西区与北京东城区参与创建国家公共文化服务体系示范区区域联动会,河西区非物质文化遗产项目古铜银鎏金器修复及复制技艺和剪纸项目参与交流互动。同年主办了中国天津2014西岸剪纸艺术展,31个省区市的剪纸艺术家、剪纸项目传承人、广大剪纸爱好者和中小学生踊跃参与,共征集作品2215份,促进了京津冀非物质文化遗产项目的交流。2015年,河西区参与了在河北省唐山市乐亭县胡坨镇大黑坨村——李大钊故居纪念馆举办的京津冀区域文化交流联动活动,活动上昆曲作为代表进行了表演。2016年,河西区参加首届京津冀非物质文化遗产精品联展暨第四届廊坊特色文化博览会和发展联盟第二次联络员会议,参加了天津市举办的第二届京津冀非物质文化遗产联展。国家级非物质文化遗产项目挂甲寺庆音法鼓、市级非物质文化遗产项目古铜银鎏金器修复及复制技艺、区级非物质文化遗产项目津派面塑、津派花丝镶嵌技艺作为代表进行了展出。

三、积极适应文化形势发展要求,大力创新河西区非物质文化遗产传承方式

在非物质文化遗产的保护和传承工作中,传承人的培养是其中最为核心和关键的内容。然而,当前非物质文化遗产传承人的现状也同现代社会一样,老龄化趋势明显。随着老一辈非物质文化遗产传承人的流失,如果没有新鲜血液流入,非物质文化遗产也就失去了传承下去的基础,非物质文化遗产保护的形势已经达到十分严峻的地步。这就需要我们加深年轻人对非物质文化遗产的认同和了解,使传承人年轻化。

现代城市建设导致一些非物质文化遗产项目赖以生存的环境急剧变化,使得年轻人了解非物质文化遗产有了时间和空间上的障碍。以河西区国家级非物质文化遗产项目永音法鼓为例,法鼓曾经的传承方式是同村的伙伴聚集在一起,逢年过节的时候都会进行设摆和演出。随着城市改造进程的加快,永音法鼓老会会员分散到城市的各个角落。与过去相比,无论参会规模还是人数都大大减少,导致年轻人无从直观地了解法鼓表演之美。在这种情况下,就应该发挥广播电视、报纸等现代人们生活主流传播媒介在非物质文化遗产项目的普及中应起到的作用。其中最有说服力的例子就是电视对中国传统曲艺节目的传播。例如郭德纲和于谦就借助电视的力量在全国掀起新的相声热潮。但值得注意的是,在表现形式上不应仅仅停留在制作非物质文化遗产纪录片在电视台或广播中播出,而应该打开思路、积极创新。天津卫视的《国色天香》节目在创新上就做足了功课。它以普通人也能唱戏曲曲艺的概念,将国家

级非物质文化遗产项目京剧、评剧、梆子等的元素融入流行歌曲,由完全没有接触过戏曲曲艺的明星训练以及竞赛,将流行和传统融为一体,完成了节目形式和内容的创新,以此吸引了这些明星的粉丝和热爱流行文化的年轻观众,让更多的年轻人开始领会到戏曲曲艺之美。作为非物质文化遗产工作者的职责之一,就是要想方设法促进非物质文化遗产项目的普及和传播传承。因此,为了培养新一代传承人的生力军,我们普及手段创新吸引年轻群体,让更多的年轻人开始领略到非物质文化遗产之美就成为当前最重要的任务之一。

1. 开展非物质文化遗产进校园活动,培育非物质文化遗产文化传承人

河西区文化馆以传承中华文脉,弘扬优秀传统文化为主线,以广泛开展优秀传统文化教育普及活动为重点,以丰富多彩的校园文化活动为载体,以提高学生人文素养为目的,通过文化馆统筹规划与各学校自主举办活动相结合,开展了启智学校师生参观非物质文化遗产展,邀请平山道小学师生参加新春笔会,走进天津小学等系列活动等多种形式的活动,有效发挥了国民教育在文化传承创新中的重要作用,受到了学校师生们的追捧和热切回应,也受到了社会的广泛关注和好评,取得了良好的效果。下一步,河西区将通过设计和改造非物质文化遗产项目的表现形式,增加其吸引力和趣味性,使之贴近当代学生的生活实际,符合学生的认知特点和兴趣特征,把剪纸、法鼓、昆曲等条件比较成熟的非物质文化遗产项目引进中小学校园,并将基础条件好、具有一定非物质文化遗产传播和研究实践经验的学校作为非物质文化遗产传承教学基地。

"非物质文化遗产进校园"活动不仅可以通过课内非物质文化遗产教育常态化,课外延伸教学传承,以兴趣班、提高班、社团等形式,有计

划、有步骤地开展非物质文化遗产教育,抓好非物质文化遗产项目的骨干与后继人才的培养,切实做到非物质文化遗产教育"从娃娃抓起",还可以增强社会对非物质文化遗产的了解和认识,丰富学校德育内容,推进和谐校园建设,同时也可以促进传统艺术教育资源的整合,为学校艺术教育注入活力。非物质文化遗产传承教学基地的建成将建立部门合作共赢的新机制,为非物质文化遗产传承开创新模式。依托这些基地,文化与教育部门、学校间相互合作、共同推进、协作双赢的新机制初步形成,为实现非物质文化遗产在校园的传播提供机制保障。

2. 建立非物质文化遗产网站,实现信息和资源的共建共享

非物质文化遗产网站能整合当地的非物质文化遗产资源,形成一个大型的数据库,起到留存和记录的作用。更为重要的是,它搭建了一个普通网民与传承人和传承人之间交流互动的专业平台。网友足不出户就可以通过这个平台轻松地接触到传统的非物质文化遗产文化,而且还可以在线学习非物质文化遗产课程,甚至在线购买非物质文化遗产产品。传承人之间还可以相互交流保护自身项目的经验。"非物质文化遗产城"官网就是一个优秀的在线非物质文化遗产代表作品展示、交易平台,包括非物质文化遗产商城、非物质文化遗产咨询、非物质文化遗产名录、传承人、非物质文化遗产展馆等栏目。

3. 开通微博和微信公众平台,搭建政府和群众的互动平台

各地对非物质文化遗产的宣传和普及工作大部分停留在报纸和期刊等传统平面媒体上,受众比较有限。随着手机的普及,微博和微信的关注者随时随地都能通过手机查阅到最新的消息。微信和微博由于传播平台的优势,拥有传统平面媒体无可比拟的受众群。微博和微信都拥有瞬间扩大事件影响力的能力,它们的传播速度源于受众的互相转发和分享。利用这一特点,可以在微博上开展转发抽奖活动,奖品可以设置

成非物质文化遗产手工制品,也可以是精美的非物质文化遗产海报。而针对微信的特点,我们可以设立非物质文化遗产微信公众号,再录入介绍非物质文化遗产项目的图片和文字,生动详细地介绍本地区的非物质文化遗产项目;还可以每天更新非物质文化遗产的常识、历史源流、发展现状和非物质文化遗产工作的最新动态,关注了公众号的网民不用出门就可以全面了解非物质文化遗产。我们也可以设立转发抽奖活动鼓励网友将非物质文化遗产相关内容分享到朋友圈,并截图发到平台。通过转发和分享,受众同时也成了传播者,从被动接受到主动参与到非物质文化遗产的普及中。

4. 制作网络节目,传播非物质文化遗产文化

目前来看,网络媒体新颖的互动模式广受年轻人的欢迎。其中一类就是以哔哩哔哩弹幕网为首的弹幕网站。其实简单地说,它与普通视频分享网站不同的是,观众发布的评论会悬浮流动于视频上方,还形成了一套在弹幕网站才有的"特殊用语"。例如众多网友用各种身为非物质文化遗产的乐器娴熟地演奏电影《大鱼海棠》主题曲,无论是播放数还是评论数和弹幕数都非常可观。很多沉迷于动漫画世界的年轻网友通过视频第一次了解到,原来中国传统的乐器也能如此多方位地展现出电影音乐之美,从而对传统文化有了新的认识。还有,网友上传的青曲社苗阜和王声的相声视频在这个网站深受欢迎,其中一个合集的播放量达到几百万。有才华的网友还将他们的相声配上优秀国产剧的画面达到声画的高度同步,其中《琅琊榜》的配画面播放次数最多,将许多本来不听相声的电视剧观众培养成了忠实的相声迷。发展到现在,还有众多网友为这对相声搭档创作音乐MV,创作出了多种多样的衍生作品,自觉为宣传和普及相声这项非物质文化遗产服务。

自媒体发达的今天,手机App直播成为了年轻人表达自我、展现个性

的新方式。北京观复博物馆成了这一领域的践行者,不仅不定期对馆内收藏进行手机直播介绍,还注重直播的趣味性。旁边还有馆内饲养的猫作为陪伴,给本应枯燥无味的文物讲解增加了生动趣味。观复博物馆养着史上最有文化的一群猫:睡的是明晚期黄花梨罗汉床,坐的是清乾隆紫檀五屏风小宝座,穿的是英姿飒爽八旗服,练的是雌雄龙凤鸳鸯剑;平时没事就读读书,或者在紫檀小凳上秀秀瑜伽……生活在满满的文化和历史气息中的观复猫,不仅给博物馆带来了勃勃生机,更为直播吸引了更多的年轻观众,本来看上去死气沉沉的老物件儿也仿佛拥有了灵性。今年暑期,包括中国国家博物馆、首都博物馆在内的来自全国各地的9家知名博物馆用手机直播的形式带来了14场别开生面的展览与文物历史讲解直播,为没有时间和机会去现场感受历史文化博大精深的人们提供了身临其境的体验,还能直接在手机上和讲解员互动交流,请讲解员释疑解惑,这项名为"约会博物馆"的主题活动受到了广大网友的好评。借着直播热的"东风",河西区完全可以将一些具有观赏性的手工艺或体育、音乐、曲艺发布到可以进行互动的网站,或者通过手机 App 进行京津冀三地非物质文化遗产项目的展演展示直播,充分做到与年轻网友实时交流,激发他们的好奇心,打破时空的"次元壁",引领他们打开从未接触过的非物质文化遗产这一新世界的大门。只要运用得当,这些通过新的网站或网络节目传播的非物质文化遗产项目就可以在促进非物质文化遗产传承人年轻化上发挥巨大潜力。

总而言之,对非物质文化遗产的传承是为了让其顺应时代的潮流而发展,在世世代代的传承过程中更好地得到保护和利用。在非物质文化遗产传承人的老龄化还未到不可挽回的地步之前,我们应该未雨绸缪,勇于创新,不断探索和寻找适合非物质文化遗产的普及方式,配合不同种类宣传途径的优势和特点,让非物质文化遗产"随风潜入夜,润物细无声",使年轻人在不知不觉中了解非物质文化遗产乃至中华民族的优秀传统文化的独特魅力,产生难以割舍的情怀,直至主动自发地为传承非物质文化遗产服务,使非物质文化遗产项目做到曲高但和者不寡。

打造非物质文化遗产小镇，留住美丽乡愁

廊坊市文化广电新闻出版局党组书记　李克俭

廊坊市地处河北中部、京津之间，是京津冀协同发展核心区迅速崛起的新兴城市，全市总面积6429平方公里，人口450万，下辖10个县（市、区）和1个国家经济技术开发区。近年来，廊坊市委、市政府紧紧围绕京津冀协同发展战略，全力实施"创建国家公共文化服务体系示范区"和打造"京津冀文化体验名城"两大战略目标，认真贯彻落实《非物质文化遗产法》《河北省非物质文化遗产条例》等法律法规，坚持多措并举，实施保护创新，有力推动了廊坊市非物质文化遗产的传承与发展。

截至目前，我市已成功入选世界文化遗产2处，即燕南长城文安大城段、京杭大运河北运河香河段，入选国家级非物质文化遗产保护名录22项、省级非物质文化遗产项目100项，入选国家级项目总数居全省第二位。命名廊坊市非物质文化遗产项目234项，现有国家级代表性传承人6名、省级31名、市级101名。

区域文化生态是社会发展需要的历史记忆、情感维系和文化寄托。在城镇化进程中，如何留住乡愁，如何让文化成为我们共同的情感寄托？廊坊市在这方面进行了一些有益的探索。我们针对不同非物质文

化遗产项目特点和各地民俗特色,让非物质文化遗产保护传承同美丽乡村建设相结合,同体育休闲旅游相结合,同文化产业发展相结合,同"非物质文化遗产小镇"建设相结合,注重乡村文化生态发展顶层设计,研究制定"非物质文化遗产小镇"建设标准,避免出现千篇一律、千村一面,避免失去本地乡村的特色,避免失去原有的乡愁,努力探索"生态、文化、旅游、产业"四位一体的非物质文化遗产保护传承创新之路。具体路径如下。

一、非物质文化遗产保护传承同美丽乡村建设相结合

习近平总书记在2013年中央农村工作会议上强调指出,"中国要强、农业必须强;中国要富、农民必须富;中国要美、农村必须美。建设美丽中国,必须建设好'美丽乡村'。"近两年来,我市按照河北省委、省政府《关于加快推进美丽乡村建设的意见》要求,围绕"环境美、产业美、精神美、生态美"美丽乡村建设目标,依据部分乡村本身的自然资源禀赋、经济社会发展水平、产业发展特点和民俗文化传承等条件,积极推动非物质文化遗产保护传承同美丽乡村建设相结合,取得了一定成绩。

例如,为保护传承固安县屈家营音乐会这一国家级非物质文化遗产项目,廊坊市结合美丽乡村建设,聘请中央美术学院设计建设规划,积极整合财政资金,吸引社会资本,完成了屈家营音乐会堂、起源馆、传承馆、瞭楼、八角亭、仿古一条街、古乐之乡牌楼等传承基地建设,全力打造"屈家营古乐非物质文化遗产小镇"。目前,屈家营村街道两旁的农家门楼都用灰砖建成,古香古色,古朴典雅,广场上矗立着古乐祖师的雕像,石

板路上拓着古乐的乐谱,墙上点缀着不同的古典乐器,一砖、一瓦、一草、一木都象征着"屈家营音乐会"。为拓宽传承路径,音乐会打破过去"传男不传女"的惯例,首次招收31名女学员,长期登台演奏的骨干会员每月还可领取1200元的补贴,村民争相学习古乐的风气日渐形成,"农民音乐家"成为不少村民的梦想。如今,屈家营村已被纳入京津冀旅游一卡通免费景区,古乐、温泉、采摘、农家饭成为"北京野生动物园—屈家营—白洋淀"文化旅游景点线路上的一支组合音响,通过发展乡村特色旅游,拓宽了农民增收渠道,助推屈家营村经济快速发展。

屈家营音乐会堂(主楼)

屈家营音乐会堂(大厅)

二、非物质文化遗产保护传承同体育休闲旅游相结合

随着现代化进程的发展和社会文明程度的不断提高,人们的工作时间逐渐减少,闲暇时间越来越多,因而更加关注身心健康和休闲方式的选择。体育休闲旅游作为健康生活方式的重要组成部分,越来越受到广大人民群众的热烈追捧。廊坊毗邻京津,资源丰富,发展体育休闲旅游业前景广阔。我市以建设环京津体育休闲旅游产业带为重点,加快推进非物质文化遗产资源同体育休闲旅游资源的整合、融合,努力推动廊坊旅游从单一的传统观光游向观光和休闲度假、文化体验相结合的复合型旅游转变,把文体休闲旅游业培育成为全市国民经济的重要支柱产业。体育休闲旅游产业为全市提供了大量就业机会,有效促进了传统农业经济向以旅游经济为主体的休闲度假经济的转变,有效解决了大量农村剩余劳动力的就业转岗,促进了农民致富。

风筝起源于中国,距今已有2000多年历史,京津乃四大发源地之首,安次区第什里风筝在传统风筝制作工艺基础上，吸收北京哈记风筝和天津魏记风筝的特点，形成了自己"造型多变、艳丽美观、飞行平稳、便于携带"的四大独特艺术风格，被誉为我国风筝中的"绝品之最"，2009年入选河北省级非物质文化遗产保护名录，已有5代传承人。为更好地促进风筝制作技艺的保护传承，近年来，廊坊市推动成立了第什里风筝协会，扶持形成"艺术派"与"市场派"两种生产经营方式。"艺术派"坚持传统手工技艺，产量小、工时长、卖价高；"市场派"分解了工序，批量生产、产量大、卖价低。两派全力发展风筝特色产业，打造"南有潍坊民间风筝、北有廊坊宫廷风筝"的文化品牌，推动风筝产业规模不断扩大，形成了以第什里村为中心，辐射附近20余个村，并扩展到周边城镇的产业布局，从业人员数以万计，人均年收入3万元以上，年产风筝600万只，年产值达1亿元以上，成为京津地区最大的风筝生产加工基地，产品畅销北京、天津等城市，并出口到欧美、日韩等30多个国家和地区。如今，借力第什里风筝这一非物质文化遗产资源，廊坊市大力开发民俗文化旅游，全力打造"第什里风筝非物质文化遗产小镇"。目前已建成风筝文化一条街、风筝广场、风筝展室和风筝博物馆，"前店后厂"式风筝加工厂在集生产、加工、销售于一体的基础上，还可供游客体验、参观，形成了非物质文化遗产保护、产业发展、美丽乡村建设融合发展的新局面。2015年、2016年连续两年组织举办了中国廊坊·第什里风筝节暨全国风筝精英赛，带动了乡村旅游、文化体验、体育休闲等产业发展。第什里小镇被授予"中国风筝小镇""河北非物质文化遗产小镇""廊坊市文化体验小镇""互联网（文化）小镇试点单位"等多项荣誉。期间的风筝文化研讨会、风筝产业发展对接会、创客大赛暨风筝设计创意大赛、特色产品展销订货会等文化研讨及商务活动，对我市传承非物质文化遗产技艺、打造城市品牌、推动美丽乡村建设、促进休闲旅游农发展产生了积极影响。

第什里风筝节

三、非物质文化遗产保护传承同文化产业发展相结合

非物质文化遗产生产性保护是指在具有生产性质的实践过程中,以保持非物质文化遗产的真实性、整体性和传承性为核心,以有效传承非物质文化遗产技艺为前提,借助生产、流通、销售等手段,将非物质文化遗产及其资源转化为文化产品的保护方式。非物质文化遗产生产性保护工程不仅是文化工程,而且是富民工程、德政工程。为进一步规范、加强我市非物质文化遗产生产性保护工作,近年来,我市按照《文化部关于加强非物质文化遗产生产性保护的指导意见》(文非物质文化遗产发〔2012〕4号)等文件精神,坚持以人为本、活态传承原则,坚持保护传统工艺流程的整体性和核心技艺的真实性原则,坚持保护优先、开发服从保护原则,坚持把社会效益放在首位,社会效益和经济效益有机统一原则,坚持依法保护、科学保护原则,健全传承机制,落实扶持措施,拓宽市场平台,提升经济价值,使传承人与人民大众从非物质文化遗产保护中获得了经济收益和精神享受,对部分发展较快、市场前景看好的非物质文化遗产生产性保护项目,将其纳入全市文化产业发展规划,从产业发展

角度进行扶持，实现社会效益和经济效益有机统一，推进了非物质文化遗产生产性保护工作深入开展。

2014年以来，我们重点从推动文化产业示范基地建设、文化产业园区建设、组织参加高端展会、非物质文化遗产企业股权上市4个方面入手，不断促进非物质文化遗产生产性保护和文化产业发展相结合。一是推动非物质文化遗产企业申报文化产业示范基地。我市以推进国家、省、市三级文化产业示范基地建设为抓手，全面提升全市非物质文化遗产文化企业发展水平。目前，廊坊拥有国家级文化产业示范基地1家，省级文化产业示范基地11家，市级文化产业示范基地16家，拥有国家级、省级文化产业示范基地数量在全省名列前茅。"京东景泰蓝""大城红木""永清冀派微雕""广阳漆器""霸州泥塑"等非物质文化遗产项目通过各级文化产业示范基地的建设而迅速发展起来，为非物质文化遗产项目保护传承提供了丰富的载体。二是推动非物质文化遗产企业申报文化产业园区。近年来，我市着力打造大城红木文化产业园、永清中国服装文化博览园、中国扇子文化产业基地等一批省部合作、部委授牌的重点文化产业园区。河北省首批文化产业示范园区——大城县红木文化产业园投资180亿元，占地3.7平方公里，总建筑面积约45万平方米，建设周期3年，目前红木大集、红木城主体建筑已经竣工并交付使用，近200家民间红木文化企业已经入驻。大型文化产业园区的蓬勃发展，为非物质文化遗产项目保护传承提供了持续不断的新动力。三是组织我市非物质文化遗产企业参加高端展会。根据廊坊市招商引资集中行动整体要求及文化产业推介工作需要，市政府每年拨付专项资金，组织全市非物质文化遗产项目、非物质文化遗产传承人参加中国苏州文化创意设计产业交易博览会、西部文化产业博览交易会、中国国际口岸贸易博览会、中国（义乌）文化产品交易会、深圳国际文化产业博览交易会、中国—东盟博览会文化展、海峡两岸(厦门)文化产业博览交易会、中韩俄蒙文化交流展会、"一带一路一城"国际文化艺术节、河北省特色文化产品博览交易会等国际、国家级、省级重点文化产业展会24次,重点推介了大城红木家具、大厂景泰蓝、永清核雕、广阳漆器雕刻等特色非物质文化遗产项目。3年来,我市非物质文化遗产参展企业共计实现现场及订单销售4000余万元,拓展了墨西哥、尼泊尔、韩国、俄罗斯等国家和地区的市场,工艺美术业、古典家具产业在浙江、广州、广西、云南、江苏等省份发展了代理商及加盟商;廊坊市参展非物质文化遗产项目及企业共获得国际级奖项8个,国家级金奖31个,省级金奖13个,其他奖项13个。廊坊市文广新局获得最佳组织奖4个、优秀组织奖4个、其他奖励2个。我市非物质文化遗产企业在各大展会上的精彩表现,不仅直接推动了非物质文化遗产项目的保护传承,也扩大了我市非物质文化遗产项目品牌影响力。

四是推动非物质文化遗产企业股权上市。非物质文化遗产企业"融资难"一直是非物质文化遗产生产性保护工作发展的瓶颈。为使更多的非物质文化遗产企业走出融资难的困境,近年来市文广新局联合工信、金融、银行等部门机构,推动非物质文化遗产企业寻找更多的融资渠道和融资模式。2015年,大厂回族自治县良盛达花丝镶嵌特艺有限公司登陆上海股权托管交易中心,开创我市非物质文化遗产企业融资新模式。2016年9月,廊坊市文广新局再次举办非物质文化遗产企业在多层次资本市场挂牌上市培训会,全市20余家非物质文化遗产企业负责人参加培训,后期还将陆续有非物质文化遗产企业推动股权上市,为非物质文化遗产项目的保护传承发展注入资本活力。廊坊非物质文化遗产和文化产业融合发展工作,得到了国家、省部领导的高度肯定。

大城红木文化新城

四、非物质文化遗产保护传承同"非物质文化遗产小镇"建设相结合

2016年8月，河北省委、省政府出台了《关于建设特色小镇的指导意见》，决定在3至5年内打造百座特色小镇。特色小镇建设坚持政府引导、企业主体、市场化运作，鼓励以社会资本为主的投资建设。我市早在省文件出台之前，就主动适应和引领非物质文化遗产保护传承发展新常态，弘扬地域特色文化，突出廊坊"文化体验城市"建设主题，在全市范围内规划建设一批文化特色鲜明、功能集成完善、示范效应明显的文化体验小镇（"非物质文化遗产小镇"）。文化体验小镇（"非物质文化遗产小镇"）是以各地非物质文化遗产项目资源和特色文化为基础，以产业化发展、规模化运作、群众化体验为特征，以文化与产业经济、旅游消费、体育休闲、农业科技等融合发展的"文化+"为模式，助推地方经济社会发展的特定文化区域，是具有明确产业定位、文化内涵、旅游功能、集群特征的发展载体，是文化群体、同业企业协同创新、合作共赢的平台。文化体验

小镇("非物质文化遗产小镇")的建设,对加快我市经济转型升级、推进创业创新、扩大有效投资、促进城乡统筹发展和传承展示特色文化具有十分重要的意义。

根据将廊坊建设成为"京津冀文化体验名城"的城市定位,我市已研究制定了《廊坊市文化体验小镇("非物质文化遗产小镇")评选命名管理办法(试行)》,明确文化体验小镇("非物质文化遗产小镇")要拥有至少1项具有核心地位的市级以上非物质文化遗产项目,有不少于800平方米的非物质文化遗产传习场所,有固定且具备一定规模的传承人队伍,有品牌性的非物质文化遗产文化活动,并作为重点发展产业进行运营。目前,我市除了"屈家营古乐非物质文化遗产小镇""第什里风筝非物质文化遗产小镇"之外,还结合各地实际,创新非物质文化遗产项目保护传承方式,积极推进大厂县"京东景泰蓝小镇"、广阳区"九州漆器小镇"、永清县"别古庄核雕小镇"、霸州市"胜芳民俗文化小镇"、大城县"京作红木家具小镇"等非物质文化遗产小镇建设,推进各地文化旅游休闲农业景区建设,努力将非物质文化遗产小镇打造成各具特色的省级美丽乡村精品片区和京津冀民俗风情小镇,在城镇化进程中,能够看得见民俗、留得住乡愁。

除此之外,我们还主办了四届廊坊市特色文化博览会、六次非物质文化遗产项目精品展,承办了第七届河北省民俗文化节、首届京津冀非物质文化遗产精品联展等展览,并积极联系《人民日报》、中央电视台、《光明日报》《中国文化报》《农民日报》《河北日报》《燕赵都市报》《廊坊日报》、廊坊广播电视台等国家、省市级主流媒体,对我市非物质文化遗产项目、非物质文化遗产传承人进行宣传报道,扩大了社会影响力。据不完全统计,2014年以来仅《人民日报》、中央电视台、《光明日报》《中国文化报》等国家级媒体就相继采访报道50余篇。

总之，在非物质文化遗产保护传承工作中，我们进行了积极的探索努力，也取得了一定的成绩。在今后的工作中，我们将充分发挥"京津冀公共文化服务示范走廊"发展联盟平台作用，不断创新工作举措，促进非物质文化遗产保护创新，打造廊坊非物质文化遗产品牌，为全省乃至京津冀区域非物质文化遗产保护传承做出示范、做出贡献。

植根沃土，非物质文化遗产
传承保护与创新发展

天津市北辰区文化馆副馆长　荣连欣

天津市北辰区的"北辰"两字语出有典，它出自《论语·为政第二》："为政以德，譬如北辰，居其所而众星拱之"。北辰区文化底蕴深厚，人杰地灵，物华秋实。古老的北运河纵贯南北，康乾盛世时，漕运发达，商贸兴旺，有"皇家粮仓"之美誉。从这里走出了表演艺术家郭振清、歌唱家张振富、教育家张伯苓、书法家王超和知青楷模邢燕子等一批杰出人物。在如此北辰，怎样落实习近平总书记系列讲话精神及文化部领导指示要求，加大非物质文化遗产保护与传承力度，引导文化的正确发展方向，同时充分发挥"京津冀公共文化服务示范走廊"的示范作用，彰显地域特色，增强城市内涵，推动中华民族优秀传统文化走向国际，在这里，我将自己在实际工作中获得的一些粗浅的感受与大家沟通交流。

一、在历史沿革中，传承大运河的文脉与精华

近年来，北辰区经济社会快速发展，人民安居乐业，文化事业繁荣发

展。我区辖9镇7个街道，户籍人口33万，常住人口66万。目前我区正处在创建国家公共文化服务体系示范区的关键时期。随着经济繁荣发展，北辰逐步形成了独具特色的地域文化和丰富的非物质文化遗产，如传统音乐、舞蹈、曲艺、体育竞技、杂技和传统美术等，在漫长的历史沿革中，传承着大运河的文脉和精华，是区内传统文化的瑰宝和充满活力的精神财富。其中，运河两岸的传统花会是区内的一大特色，开创了北仓皇会踩街展演的先河，形成了比较鲜明的运河文化带。长期以来，北辰区委、区政府对非物质文化遗产传承与保护给予了高度的重视，安排专项资金，成立专门队伍。2004年，在"皇会之乡"北仓镇启动了挖掘、整理、扶持非物质文化遗产的普查及申报工作，并取得了初步成效和可喜的成绩，在全区范围内营造了"人人关注非物质文化遗产、人人参与非物质文化遗产、人人保护非物质文化遗产"的良好氛围。2008年成立了区级专家委员会和非物质文化遗产联席会，在区文化馆设立了"非物质文化遗产保护中心"。多年来，在各镇街的配合下，相关委办局的支持下，圆满完成了非物质文化遗产普查工作，共有9大类43个项目，并建立了非物质文化遗产数据库。2009年，在区文化馆举办了非物质文化遗产项目展览，集中展示了非物质文化遗产普查成果。区文广局从非物质文化遗产数据库中不断筛选、挖掘和整理比较成熟的项目，积极申报区级、市级和国家级非物质文化遗产项目。截至目前，我区有国家级非物质文化遗产项目刘园祥音法鼓1个，穆氏传统戏法等市级项目16个，区级12个；有市级非物质文化遗产项目代表性传承人22人，区级非物质文化遗产项目代表性传承人17人。2014年1月成立了非物质文化遗产保护协会，全区非物质文化遗产保护工作进入了新的发展阶段。

二、让非物质文化遗产贴近群众，走进人们的心灵

　　非物质文化遗产既是草根文化又有经典国粹，通过宣传可以认识国粹的价值，通过参与可以体味传统的魅力，通过认知可以汲取文化的真髓，当务之急是让非物质文化遗产真正走入人们的心灵，融入人们的生活。

　　近年来，我区不断深化非物质文化遗产进村居，让非物质文化遗产进一步贴近群众。我们每年开展"非物质文化遗产进校园""文化遗产日""与非物质文化遗产亲密接触"等系列活动，让群众接触非物质文化遗产、了解非物质文化遗产、喜爱非物质文化遗产。其中连续3年举办了"与非物质文化遗产亲密接触"活动，推介了法鼓、高跷、传统武术等不同类别的非物质文化遗产项目，通过在广场的宣传展示，让人们感受非物质文化遗产，让非物质文化遗产逐渐走进人们的生活。为了进一步宣传、展示我区非物质文化遗产资源，增强人们的认知度和责任感，我们精心编纂出版了《北辰区非物质文化遗产图典》，以图文并茂的形式逐项介绍区内18个非物质文化遗产项目，包括项目的地理位置、分布区域、历史渊源、基本内容、传承谱系、主要特征、重要价值、濒危状况和已采取的保护措施等。全书收录照片60幅，记录文字3.4万字。通过《图典》，可以领略我区文化底蕴的厚重，感受百年前传统文化的魅力。此外，我们还充分利用新闻媒体平台不断报道我区的非物质文化遗产项目和取得的成果，并通过微信公众号和手机App等移动平台加大对非物质文化遗产项目的宣传推介力度。同时，我们不断加强与盟员以及其他省市和地区之间的横向交流，让非物质文化遗产走出去，让非物质文化遗产真正走入人们的心灵，融入人们的生活。

三、加强动态管理，不可承载过重

文化推动社会可持续发展，非物质文化遗产作为中华传统文化的重要组成部分，与创意产业、就业、国计民生等都有关联，但可持续发展并非机械的发展过程，非物质文化遗产就是非物质文化遗产，如果非物质文化遗产承载过重，将会改变原来的味道，甚至变形走样并失去自我修复功能。

活态流变是非物质文化遗产项目的重要特性，要求我们对传承人的认定和非物质文化遗产项目必须实行动态管理，使项目分类更科学，行政管理更有针对性。按照《非物质文化遗产法》的要求，我区对非物质文化遗产项目和传承人实施了四级名录制度。对国务院公布的第2批国家级非物质文化遗产项目和天津市认定的22名市级非物质文化遗产传承人，分别建立了名录并实施动态管理。有进有出、适时淘汰，使名录管理更加科学、严肃、有效。

同时，非物质文化遗产传承保护必须向科学化进程推进。非物质文化遗产项目的丰富性决定了保护方式的多样性。实际工作中要求我们必须遵循非物质文化遗产传承保护的规律特点，积极探索以生产性保护为重要内容的多种传承保护方式，抢救性保护、原真性动态保护、生产性保护和整体性保护并举，按照非物质文化遗产自身衍变规律，对传统手工技艺类项目以及民间美术、传统医药类和饮食文化类项目尽可能寻求生产性保护的方式传承发展。

四、坚持活态传承，不可否定创新职能

非物质文化遗产，作为一种与人息息相关的生活方式，最宝贵的就

是活态。其传承应以传承人为核心,以持续传承为重点,特别是要肯定传承人在认真学习、地道传承中,以自己的思考和体验赋予非物质文化遗产新生命,把千年文化与现代理念有机融合,产生既有传统文化内涵,又融入现代人文元素的艺术精品,推动非物质文化遗产的传承与发展。

模仿是传承的基础但不是全部,对既有的艺术佳作进行模仿,尽管能在审美上起到一定的替代作用,甚至打开原作未能表现的艺术空间,但是,非物质文化遗产保护不是单纯为了模仿,不是为了留住历史,而是在继承优秀传统的基础上,进行文化创新和技艺创造。题材、技法和材料的创新相对比较容易,最难的是艺术境界的提升。缺少这一点,艺人无论多么手巧,技法多么高妙,最终都只会沦为替他人完成二度创作的工具。因而,如果要化腐朽为神奇,需要"模仿"生活、表现生活,同时融入时代的元素,要在提高传承人的艺术境界和原创意识方面多做文章,避免非物质文化遗产项目创作误入歧途。传统手工艺类和传统美术类等非物质文化遗产项目有其自身的规律,选徒带徒有其自身的特性和要求,不可随意改变;但不能使其凝固、静止、不发展,而是使其走上稳健、持久、可持续发展的良性轨道,这才是传承保护的要义和真谛。我们也一直酝酿将国家级非物质文化遗产项目刘园祥音法鼓加以适当的编排并搬上舞台。就这点,北京卫视的《传承》栏目做了大胆的尝试,值得我们借鉴。

五、秉承主动坚守,确保传承原汁原味

当前,我区城镇化步伐不断加快,在示范小城镇建设过程中的非物质文化遗产传承保护更是一个严肃且有挑战意味的课题。

传统村落是大量非物质文化遗产聚集、传承的载体,包括建筑群落、

桥梁、祠堂、生产生活、婚丧嫁娶、商贸集会、节庆祭祀、信仰崇拜等民俗、神话、传说、谚语、歌谣等口头传统以及民间工艺、美术音乐、戏曲舞蹈等。随着城镇化进程的推进，原住民流失、传统村落锐减，原有的生产生活方式、社会关系渐渐逝去，依附其上的乡村文化日益瓦解，活态传承面临挑战。由一村及一地，由一地及一市，复可及国。

在当前城镇化进程中我们强调主动的坚守，需要毅力耐心，更需要智慧，政府、学者和民间各有角色。政府在制定搬迁、复建规划时，应首先考虑非物质文化遗产保护规划，使其融入当地社会经济发展总体规划，并居核心地位。同时，以建设乡村文化生态空间为重点，改善居住、生存和传承环境，留下原住民，留住传承的本体。这方面，在市级非物质文化遗产项目穆氏传统戏法的挖掘和保护的过程中，我们深有体会。学者要走向田野，尽可能多地保存、抢救并记录传统村落遗物，将村头田边的文化遗存纳入学术研究殿堂，把学术智慧转化为实践成果。

非物质文化遗产在我区绵延承续600余年，历经沧桑，百折不挠，并呈现出活态传承和勃勃生机。保护非物质文化遗产，人人有责。我们坚信，只要我们携手共同努力，祖先留给我们的宝贵文化遗产就一定能够薪火相传，传之久远。

立足保护，注重传承，着眼创新

——非物质文化遗产保护与传承的做法和体会

沧州市文化广电新闻出版局局长　冯彦宁

非物质文化遗产，在历史、艺术、宗教、人类学、社会学、语言学、文学或手工艺等各个方面，都具有突出价值并广泛流传，它是人类创造的精神财富，其中不乏中华文化乃至世界文化的精粹。非物质文化遗产既来源于人民长期的生产生活实践，又与广大人民群众的生产生活密切相关，它贴近实际、贴近生活、贴近群众，具有民族性和大众性的特点，与先进文化建设血脉相通。传承和弘扬非物质文化遗产，对于整合文化资源、弘扬精神文明、传播正能量，实现文化创新具有深远的历史意义和重大的现实作用。

具有悠久历史和灿烂文化的沧州大地，不但积淀了大量的历史遗迹，而且蕴含了极其丰富的非物质文化遗产。截至目前，我市共有国家级非物质文化遗产项目18项，省级89项，市级273项。国家级非物质文化遗产项目传承人11名，省级100名，市级252名。面对如此丰厚的文化历史富矿，如何把它保护好、传承好、开发利用好是摆在我们面前的一个重大课题，也是我们文化工作者义不容辞的责任。为此，我们树立了一种理念，那就是把非物质文化遗产当作"文化祖业"来对待，是老祖宗留下来的宝贵财富，我们没有理由不把它保护好，传承好并把它发扬光大。为此我们近年来做了如下工作。

一、多措并举，把老祖宗的文化祖业保护好

一是抓好挖掘整理工作。把保护非物质文化遗产与现实发展有机结合起来，准确把握时代脉搏，正确处理好历史与现实的关系，以习近平总书记文艺工作座谈会讲话精神为指导，对非物质文化遗产进行认真分析、鉴别和清理，让非物质文化遗产服务于经济社会发展和社会进步、服务于社会主义道德建设，使其代表人民群众的共同利益、为人民群众所接受所喜爱。为此，在市、县、乡、村组织培育一支熟悉乡土文化、热爱沧州、有恒心、能深入挖掘和研究文化的工作队伍；根据项目内容，聘请有关专家、学者指导项目的挖掘和提升；设立申报工作奖励机制，对列入保护的非物质文化遗产项目，按级别给予一定的奖励；组织专门力量，在对全市境内非物质文化遗产进行全面摸底调查的基础上，对重点项目进行了深度挖掘，分批次上报国家和省市，使之得到国家和省级层面的支持和保护。

二是抓好机构制度建设工作。为推进非物质文化遗产工作的开展，市政府专门印发了《关于加强文化遗产保护工作的实施意见》等重要文件，14个县（市）也以县（市）政府的名义下发了关于加强非物质文化遗产保护工作的文件。成立了由9个单位和部门参加的沧州市非物质文化遗产保护工作领导小组，建立了专家委员会，设立了沧州市非物质文化遗产保护中心，在局层面成立了由党组书记、局长任组长、班子成员为副组长、机关各科室、局属各单位主要负责人为成员的领导小组，把非物质文

京津冀公共文化服务示范走廊
发展联盟论坛论文集

化遗产保护传承弘扬纳入"文化祖业、文化事业、文化产业、文化安全"四位一体文化工作的首位,使非物质文化遗产工作有了组织保证和政策支持。

三是抓好基地和传习所的建设工作。目前,我市已建成一批非物质文化遗产基地和传习所,如黄骅市的海盐博物馆(已升格为河北省海盐博物馆)、盐山县的千童博物馆和千童祠、孟村县的八极拳武馆、沧县的木板大鼓传习所和沧州狮舞传习基地、泊头市的铸造博物馆和六合拳武馆等,8个传承基地被省文化厅评为"河北省首批非物质文化遗产示范传承基地"。

四是抓好非物质文化遗产出版及学会活动。沧州非物质文化遗产中心出版了首部《沧州市市级非物质文化遗产项目图典》,黄骅、盐山、吴桥、泊头、南皮、孟村、沧县、青县、河间等地也出版了介绍当地非物质文化遗产的书刊。我市已成立徐福研究会、沧州木板大鼓研究会、吴桥杂技研究会、泊头铸造研究会、河间西河大鼓研究会、河间诗经研究会等组织,并多次举办不同形式的研究和学术活动。

二、注重推广,把老祖宗的文化祖业传承好

一是加大非物质文化遗产的宣传力度。通过广播、电视、报纸、网络等媒体,用公益广告、文化活动、文艺作品等形式,广泛宣传,提升非物质文化遗产的社会知晓度。把非物质文化遗产知识融入学校的乡土教材中,纳入职业教育和成人培训的规划中,融入群众文化的活动中,树立"社会办文化、文化为社会"的新理念,打破传统思维观念,让非物质文化遗产保护传承深入人心,激发全社会保护和传承的热情。

二是注重非物质文化遗产项目在当地的展示。凡遇重要节点,都要

092

组织本地非物质文化遗产项目进行展示。沧州市已经连续多年举办"沧州市春节民间文艺汇演"、非物质文化遗产成果展览和沧州市非物质文化遗产精品展演专题晚会。在新建成的博物馆、图书馆内，专门设置了大运河、杂技、武术等专题馆，对我市非物质文化遗产进行全方位的展示，吸引了大量国内外观众前往参观。16个县、市、区也纷纷举行了富有地方特色的春节民间文艺表演及各种展示、展演活动。

2016年6月11日是我国第11个文化遗产日，同时也是我国《非物质文化遗产法》颁布实施5周年。为加强非物质文化遗产保护传承工作，倡导非物质文化遗产保护传承理念，提高全民参与意识，6月11日，沧州博物馆与沧州市非物质文化遗产保护中心联合，共同举办了沧州非物质文化遗产图文展。此次展览围绕"加强文化遗产保护 振兴传统工艺"这一主题，从沧州非物质文化遗产名录中精选了部分国家级、省级、市级非物质文化遗产项目及代表性传承人，对其有关资料进行编辑、整理，共计制作成106块展牌，予以集中展示。展牌以图文并茂的形式详细介绍了各个非物质文化遗产项目的形成、发展、现状等情况，其中包括有关"非物质文化遗产"的民间故事、工艺作坊、民居建筑、礼仪乡俗等内容，展现了独具沧州魅力的民俗文化。通过对沧州代表性非物质文化遗产的介绍，再次唤起了人们对传统非物质文化遗产文化的记忆和属于沧州人的文化自信，激发了全社会对非物质文化遗产的保护传承意识和热爱之情。

为贯彻京津冀协同发展战略，落实党的十八届五中全会提出的"构建中华优秀传统文化传承体系、加强文化遗产保护、振兴传统工艺"要求，在省文化厅总体部署下，我市承办了"京津冀"传统工艺暨文化创意产品展览展销会。展览展销会于2016年10月21日至24日在我市国际会展中心举行，参展非物质文化遗产项目、商家700余家，共计1000多人，参观人数达到9.8万人次，签订合同70份，现场成交及合同订货1200

万元。展览展销会以领导重视、内容丰富、安保有力、接待热情、市场运作"五大特点"和展示沧州文化、丰富群众生活、宣传狮城形象、锻炼提高队伍"四大成效"赢得了各级领导、参展单位和社会各界的广泛赞誉。

三是注重非物质文化遗产项目走出去。积极参加深圳文博会、廊坊文博会及河北省组织的各种展示、展演、展览活动。沧州狮舞、任丘大鼓等纷纷走出家门、走出国门，如沧州狮舞参加了在北京天安门举办的奥运会倒计时100天演出、奔赴法国巴黎为奥运圣火传递助兴演出、为北京奥运会开幕式前进行垫场演出。组织我市37项非物质文化遗产项目参加"京津冀非物质文化遗产精品联展暨第四届廊坊特色文化博览会""'流淌的记忆'京津冀非物质文化遗产展""第九届河北省民俗文化节暨第六届中国剪纸艺术节""第二届京津冀非物质文化遗产联展"等，在京津冀的舞台上充分展示了沧州非物质文化遗产的特殊魅力。

四是注重对非物质文化遗产项目的普及和推广。从2006年起沧县开展了沧州木板大鼓进校园活动，让木板大鼓走进了沧县的中小学，而且把沧州师范学院作为培训基地来传播。泊头六合拳、孟村八极拳走进全县的中小学，培育了一大批传承人。2009年，沧州师范学院和吴桥杂技艺术学校被省文化厅命名为"河北省非物质文化遗产传播基地"。

三、着眼创新，把老祖宗的文化祖业开发利用好

非物质文化遗产必须立足于现实，结合实际加以创新，使先进文化不断丰富和发展。眼下所面临的是一个知识创新、文化创新、科技创新的新时代，没有创新就没有传承和发展，就谈不上弘扬正能量，优秀的地域文化也就会失去活力。

几年来，我市借助"群星奖"、中国农民文化艺术节、巴黎中国曲艺卢

浮金奖大赛、中国吴桥国际杂技艺术节、中国沧州国际武术节等平台，充分利用我市丰厚的非物质文化遗产，打造出了一批具有地方特色的精品节(剧)目，在国内外重大比赛中屡获大奖。河北吴桥杂技文化经营集团公司被认定为国家文化产业示范基地，吴桥杂技大世界旅游有限公司、吴桥金鼎古籍印刷厂、沧州郭氏镂空木雕艺术有限公司被定为河北省级文化产业示范基地。可以说，这些成就的取得，主要是对非物质文化遗产项目不断创新的结果。但实实在在地说，面对我市十分丰厚的文化遗产富矿，我们开发利用得还很不够，还没有真正实现从资源优势向产业优势的转化。需要做的工作还很多。接下来将以我市正在开展的"文化之城"建设、"美丽乡村"建设、"文明之城"建设和创建国家公共文化服务体系示范区为契机，在以下几个方面精准发力。

（1）以纪念沧州建州1500周年为契机，大力保护传承弘扬文化祖业。2017年是沧州建州1500周年，是沧州发展历程中的一个重大历史节点和重要里程碑，也是沧州发展的新起点。为了确保纪念沧州建州1500周年纪念活动取得扎实成效，推动沧州资源优势向发展优势转变，打响沧州文化品牌，彰显城市魅力，加大聚焦沧州、宣传沧州、推介沧州的力度，进一步提升沧州的知名度和影响力，为科学发展、绿色崛起提供强大动力支持。以建州1500周年为契机，进一步传承和弘扬沧州优秀历史文化，组织举办沧州文化产业博览会暨非物质文化遗产展演，利用一个月的时间，以实物、图片、现场制作、现场表演等形式，集中展示沧州深厚的文化底蕴和"文化之城"建设成果。

（2）进一步整合资源，打造具有一定影响力的产业园区。借助中国吴桥国际杂技艺术节和中国沧州国际武术节两大赛事，打造一批具有一定影响力和市场占有率的杂技、武术精品，开发一批衍生品，努力使之园区化、产业化。

（3）积极实施走出去战略，提高市场占有率。组织、引导、支持我市境内的优秀非物质文化遗产项目，积极参加国内外的重大展示活动，努力开发国内外市场，特别是充分利用京津冀协同发展的大好时机，加强对接和合作，努力实现双惠共赢。

（4）打造"一地一品"，建设美丽乡村。充分发掘、利用本地的特色文化资源，如吴桥的杂技，黄骅市的冬枣节、麒麟舞和渔鼓，任丘的冀中音乐会和任丘大鼓，河间的西河大鼓和诗经文化，盐山县的千童信子节，孟村县的八极拳和帽派落子，东光的吹歌和沙家门武术，泊头市的六合拳和铸造文化，南皮县的落子，沧县的沧州木板大鼓、狮舞和金丝小枣，青县的哈哈腔和盘古文化等，打造"一县一品""一乡一品""一村一品"，培育一批文化名镇、名村、名园、名人和名品。

（5）加强非物质文化遗产与多种业态的融合，助推文化产业的发展。一是推进与新型工业融合发展。重点抓好工业设计和产品创意创新，注重文化元素，用新技术、新工艺、新创意提升工业产品的个性化、时尚化和舒适度，提高其品牌价值和附加值。二是推进与城市建设融合发展。把地域特色文化体现到城市规划建设的每一个细节，结合运河景观带建设，按照《沧州御河整体改造规划》，谋划包装一批文化创意产业项目，在丰富城市内涵、提升品位的同时，推动文化产业发展。三是推进与旅游融合发展。以南大港湿地、世博欢乐园、沧县神然生态观光园、河间府署、青县盘古文化旅游区、吴桥杂技大世界、任丘白洋淀等景区为依托，提高非物质文化遗产展示展演元素，打造精品旅游路线，推动文化旅游做大做强。四是推进与科技融合发展。用科技手段改造提升传统文化产业，增强文化产品的表现力、吸引力和附加值，以科技成果加快文化产品生产传播消费的数字化、网络化进程，培育新型文化业态。

在今天的艺术市场上，"好"未必是唯一的立足标准。能否"相宜"，即相宜与当代，相宜与今人，与受众进行对话交流，被大众接受，被市场接受，恐怕比单纯的"好"更为重要。这就是说，一种艺术形式，只能在它适合的年代，高蹈并灿烂。它的艺术高潮一旦勃发，倘若不增加新的艺术元素，很难有再次振兴的机会。所以，非物质文化遗产须要保护好、传承好，利用好，使之价值再生，高蹈并灿烂。

薪火相传，才能守住我们的精神家园

——浅说国家级非物质文化遗产项目

"京东大鼓"的传承与发展

天津市津南区文化馆馆长　刘炳山

一、非物质文化遗产京东大鼓的历史脉络

（一）京东大鼓的兴起

京东大鼓起源于京东三河、宝坻、香河一带的农村。据艺人祖谱及口碑资料记载，早在清乾隆中叶，河北省南皮县贾九堡村木板大鼓名家李文通（一说山东人，名尚志，绰号弦子李）从家乡逃荒来京东行艺。他吸收了京东广为流行的传统民歌小调"靠山调"，丰富了木板大鼓的唱腔，增加了京东乡音，很受当地群众欢迎，因他的演唱讲求韵味，人称这种京东风味的木板大鼓为"小口"木板大鼓。李文通在行艺中收徒邓殿奎等5人，世称"清门五奎"，其中以邓殿奎（一说邓连奎）最为有名。

相传邓殿奎喜欢唱民歌，尤爱唱《放风筝》。邓殿奎继承乃师的创造精神，改革木板大鼓"小口"派唱法，将一板一眼的单一板式改为"慢板""平板""垛板"等多种演唱板式，并吸收了京剧西皮"快板"唱腔，名之为"二簧柳儿"(京剧在河北称二簧)。他演唱"二簧柳儿"时，仍用木板击节，而在演唱其他板式唱腔时，则用钢(铁)板替代木板击节，这些改革得到师父的赞赏及听众的首肯，新腔很快流行开来。这种新腔在北京演唱时，因是京东乡音，故被京城人称作"京东怯大鼓"。

京东大鼓在20世纪30年代初期形成于河北和天津。它是刘文斌等艺人在以京东方音演唱平谷调的基础上，吸收河北民歌《妓女告状》及落腔调的旋律而形成的。它曾名乐亭大鼓。新中国成立前，在诸多京东大鼓艺人中，刘文斌的风格最突出，影响最大。他除演唱大鼓外，还移植了《武家坡》《拆西厢》《昭君出塞》《王二姐思夫》《诸葛亮押宝》等短篇唱段。通过演唱短段，对京东大鼓的板式和唱腔做了进一步加工。他的演唱通俗幽默，平易无华，吐字清楚，明白如话，颇为一般市民观众、特别是家庭妇女所喜爱。但当时仍使用"大鼓""杂曲""乐亭调""乐亭大鼓"等名称，直到1935年正式定名为"京东大鼓"。不过，由于他的行腔板眼均不甚考究，所唱鼓词、文字也较粗糙，20世纪40年代末期，该曲种已日趋衰落。

（二）京东大鼓的高峰

中华人民共和国成立后，天津市业余演员董湘崑继承了刘文斌的演唱艺术，并在刘文斌唱腔特色的基础上，将宝坻区方音改用京音，进一步加工、规范唱腔，不断创作出适应时代的新曲目，深得广大观众的喜爱。1954年，董湘崑拜刘文斌为师，专攻京东大鼓。他不仅在继承老一辈艺人的唱腔和表演风格方面成绩显著，而且又有所发展和创新。他嗓音宽厚、发音甜润、字眼清楚、乡土味浓,赶板、垛字、闪眼、落字、窍口灵巧。他的演唱朴实真挚,刚健稳重,充分表现了京东大鼓淳朴健康、豪放爽朗、顿挫分明、抑扬有度的艺术特点。为了使这一曲种更好地反映现实生活,他还对唱腔不断进行加工和丰富,发展出了一种能够适应新事物的"董派京东大鼓"。正如马小祥(三弦王子、曲艺名家马增祥之子)先生对董老的评价:董老是20世纪六七十年代最有代表性的工人艺术家,他的创作总是贴近生活,比如《送女上大学》,让他一曲成名,并在董湘崑等人的不懈努力下,60年代至70年代,京东大鼓音乐出现了高峰期,其曲种的影响也遍及全国各地。不夸张地说,鼓曲走出京津冀为全国人民熟知的鼓曲艺术家只有两人:一个是骆玉笙(骆派京韵大鼓创始人),骆老当年演唱了《四世同堂》的主题曲《重整河山待后生》,为全国人民熟知;另一个是董湘崑,他的《送女上大学》同样达到了万人空巷的效果。著名相声演员、曲艺研究家徐德亮就曾这样评价董老:在京东大鼓里,他是开山立派的祖师,也是时代造就的明星。在我们看来,他和京韵大鼓骆玉笙等大师一样,都属于空前绝后的宗师。

二、非物质文化遗产京东大鼓的传承和发展

(一)薪不尽——董湘崑先生对京东大鼓的传承作出的巨大贡献

著名京东大鼓表演艺术家董湘崑先生在继承、发展、传承京东大鼓艺术上,作出了巨大的贡献。

首先,董湘崑先生对京东大鼓唱腔的整理、规范、创新为京东大鼓在继承与发展上提供了范本和理论依据,让后来学者有理可循,有据可仿。董湘崑先生不仅继承了师傅刘文斌的演唱艺术,并且将宝坻地区的

方言改为京音,进一步加工整理、规范唱腔,并且归纳了京东大鼓的曲调和相应的代表符号,为京东大鼓的普及发展提供了比较完整的、比较规范的"教材范本"。董湘崑先生一生创作了100多个唱段,他所创作和演出的大量作品,贴近群众、贴近生活、与时俱进,艺术地表现了群众的喜、怒、哀、乐,深受广大群众的喜爱,这些作品响彻祖国大江南北,尤其是《送女上大学》使京东大鼓这门艺术得到空前的普及。

其次,董湘崑先生用自己一生去传承京东大鼓艺术,给后辈弟子作出了传承发展的榜样。董湘崑先生虽然一辈子只是一个业余演员,但其精湛的演唱却一点不业余。几十年来,在天津市历届职工业余文艺演出中,他的演出都赢得了广大观众的称赞。1956年,董湘崑参加全国职工曲艺会演和全国会演、全国调演,《模范孙桂珍》《白雪红心》《送女上大学》获奖后出版唱片。1980年被推选为区人民代表、市政协委员、天津市曲协理事,同年加入中国曲艺家协会。1982年,在从事舞台生活30周年纪念会上获天津市文化局和市总工会授予的"工人业余曲艺家"称号,并获得全国工会积极分子奖章。2010年3月1日,他以83岁高龄参加了河西区文化局主办的非物质文化遗产鼓曲专场,在演出时演唱了京东大鼓传统曲目《拆西厢》。2010年6月14日,他当年二度登台,参加了群众艺术馆举办的非物质文化遗产曲艺专场,表演了全国听众耳熟能详的一段作品《送女上大学》的选段,得到了台下观众强烈的呼应。董湘崑先生用自己的言行实践给后辈弟子作出了示范和榜样,他的弟子学生都以董老为榜样,以传承京东大鼓为己任,在默默地实践着。2013年,这位"德艺双馨"的艺术家离开了我们,在弥留之际,董老向弟子们反复强调,一定要让京东大鼓这门艺术"薪火相传,星火燎原"。弟子们和前来探望的曲艺界同仁无不为之动容,弟子学生们也都保证,绝不让那"火红的太阳"落了山。

（二）火不断——在京东大鼓的传承和发展中所做的些许工作

董湘崑的家人弟子、学生、再传弟子和喜好京东大鼓的曲艺爱好者们，在默默无闻地为京东大鼓的普及传承发展做着自己应做的工作。

1. 董湘崑弟子及再传弟子的不懈努力

第一，董湘崑先生一生教过的学生数不胜数，其亲传弟子65名，再传弟子30余名。这些弟子及再传弟子遍布全国各地，涉及社会各个阶层，其中有专业团体的国家一级演员，曲艺牡丹奖获得者，也有普通工人和农民……但无论是专业的，还是业余的，大家都以传承发展为动力，以京东大鼓惠民为己任。弟子们注重京东大鼓群众性的普及工作，通过举办培训班、公益讲座等形式深入基层，进行辅导、排练，提高了广大爱好者的演唱水平。

津南区文化馆馆长刘炳山是董湘崑先生的嫡传弟子，他定期在津南区文化馆举办的"公益大课堂——京东大鼓系列专题讲座"上从最基础的吐字发音归韵讲起，从鼓板的打法教起，孜孜不倦，惠及了许多喜欢京东大鼓这门艺术的爱好者，且影响力逐渐扩大，不仅市里其他区的爱好者前来学习，甚至有河北石家庄、唐山、廊坊等地的学生前来受教……2016年5月14日，刘炳山就在由天津图书馆、《天津中老年时报》《津门曲坛》主办的"海津讲坛系列讲座"上作了主题为"京东大鼓的传承与发展"的讲座。

第二，董湘崑弟子严格按照师训，做好传承工作。董湘崑先生用自己一生的实践和经验提出了京东大鼓董家门的门规师训，即"人比钱贵，德比艺高，德艺双馨，吾辈目标"。修德、立品、做人，是摆在每个人面前不可回避的问题，谁也没有豁免权。中国传统文化十分强调"人"与"事"

的联系的必然性，认为"什么样的人"，就会做"什么样的事"，"人"决定"事"。道德修养，是做人的根本，尤其在当今社会，能保持人格的独立，不以己悲，不为物役，不被喧嚣的世俗浸染，实属难能可贵。因此在传承过程中，不仅传授技艺，更注重对学生人品的考量和教育，也就是我们常说的：唱好京东做好人！人品好，艺品差不了！艺品高，才能使演唱的作品成为浇灌人心向善，风俗醇美的清泉。只有这样的坚守，才是真正的守护住我们的精神家园！

师训是这样写的，弟子们也是这样做的！只要是有利于京东大鼓传承和发展，弟子们不辞辛苦，不问劳酬，以传承京东大鼓为己任、责无旁贷。以董老的大弟子杜来先生及天津的郝德宝、王继文、倪万珠、张大奎为代表的众弟子谨遵师父"星火燎原"之嘱托，努力做好京东大鼓的传承工作，为京东大鼓的普及提高作出了较大的贡献。

2. 让京东大鼓进学校，让京东大鼓的听众年轻化

在董湘崑弟子的不懈努力下，京东大鼓这门艺术走进了天津市宝坻、西青、北辰等区县一些中小学的课堂，京东大鼓走进课堂，不仅成为学校特色教育的一大亮点，更能让京东大鼓的听众年轻化，只有年轻人喜欢听，喜欢唱，去探索，去研究，不仅京东大鼓，别的曲艺门类也同样，才可能有发展，有传承，有明天！

董老弟子邱金鹏在演出实践中深知，京东大鼓要想传承发展，进校园无疑是必经之路。2014年，宝坻一中成立了京东鼓社，由邱金鹏作导师。他每周都要定期为学生们传授鼓技、唱法，除此之外，邱金鹏每周都会抽出时间，定期去宝坻区北环路小学和欢喜庄小学义务授课。他对学生特别认真，一丝不苟。每一个腔，每一个调，吐字，发声，都特别地严格，学生进步都特别快。他和几位一中教师共同创作新曲段，把发生在身边的实事用大鼓的形式传唱演绎出来，既有新意又有意义。作为宝坻

京东大鼓的传承人,邱金鹏利用业余时间义务为中小学生授课,培养了很多喜爱京东大鼓的学生,丰富了他们的课余生活,提升了他们的综合素质。董老弟子孙国付义务在西青区辛口镇中心小学开设了曲艺班,传授京东大鼓艺术,他表示:"传统文化的传承和发展要从娃娃抓起,只要能让孩子们接触到并喜欢上传统艺术,我愿意一直义务做下去。"

3. 政府的鼎力支持是京东大鼓传承与发展的坚强后盾

第一,天津市津南区文化局于2007年成功举办了首届"京津冀京东大鼓邀请赛",为京东大鼓的传承与发展起到了推动与促进作用。

第二,由天津市文化局、宝坻区人民政府成功主办了4届"全国京东大鼓艺术节",为京东大鼓的普及与提高搭建了更大的平台,扩大了京东大鼓的社会影响力。尤其是2016年4月的第四届"全国京东大鼓艺术节",确定了25位全国的京东大鼓"星火传人",让这些人起到榜样的作用,为传承京东大鼓贡献力量。开幕式上增加了京东大鼓收徒这一环节,这估计是自曲艺问世以来,第一次由政府机关组织的收徒仪式,可见宝坻区政府对传承京东大鼓这门艺术做出的不懈努力。在这次收徒仪式上,董湘崑弟子房桂萍、付建设、刘炳山、邱金鹏4位艺术家共收了来自内蒙古、山东、宁夏等地的9名弟子。天津电视台进行了全程的报道,不仅对宣传京东大鼓这门艺术起了推动作用,同时也为其他姐妹曲艺的传承发展提供了范本和动力。

第三,2015年,天津市文化局、天津市津南区人民政府成功主办了首届"董湘崑杯"全国京东大鼓邀请赛。此次活动设置了新作品奖和演唱奖,意在传承的基础上推陈出新。共有9个省市的作者和演唱者参加了这次比赛。CCTV4给予了报道,网络频道承诺给予永久保存,这就给广大的京东大鼓爱好者学习观摩甚至寻根访祖提供了渠道。此外,第二届"董湘崑杯"全国青少年京东大鼓邀请赛拟定于2018年举办。

第四，天津市津南区文体局拟于 2017 年组织举办"全国'京东大鼓'传承与发展研讨会"。届时，将邀请全国各地京东大鼓名家及曲艺理论家、曲艺音乐家、曲艺作家共同研讨京东大鼓艺术的传承、发展与创新。

4. 邀请各路英豪，共谋发展

董湘崑弟子定期召开研讨会，在演唱技巧、乐队伴奏、作品创作等方面进行交流总结，使京东大鼓艺术在上述几方面不断科学化、规范化，为其今后的传承与发展打下良好的基础。

5. 网络平台的运用

网络沟通南北，拉近了天南海北的爱好者。QQ 平台、微信群的综合运用，使全国各地的京东大鼓爱好者在虚拟的网络上集聚在一起，使不少有志于京东大鼓艺术的爱好者从原来的爱听到现在的爱唱，真正地走进京东大鼓。今年全国第四届京东大鼓艺术节的收徒仪式上，9 位入门弟子中有 4 位是通过网络建立了联系，然后来天津学艺，最后拜入京东大鼓的门户的。

我们本着"保护为主、抢救第一、合理利用、传承发展"的原则，做好京东大鼓艺术的传承与发展工作，使这门艺术能与时俱进，达到鼓曲艺术为百姓说唱，为社会服务的目的！

借势京津冀协同发展
推动地域文化保护传承

原唐山市文化广播电视新闻出版局党组书记、局长　韦远东

　　唐山历史久远,文化底蕴深厚,在长期的生产生活实践和民族融合过程中,先民们创造并留下了宝贵的精神遗产。截至2016年年底,我市共公布市级以上非物质文化遗产代表性名录项目80个,其中入选省级名录的项目有33个,入选国家级名录的项目有7个;共命名3批市级非物质文化遗产项目代表性传承人107人(健在102人),其中入选省级名录的代表性传承人有40人(健在36人),入选国家级名录的代表性传承人有11人(健在8人)。诞生于唐山的评剧、皮影和乐亭大鼓被誉为"冀东文艺三枝花",2006年均入选首批国家级非物质文化遗产项目名录。它们是唐山地域文化的优秀代表,也是中华民族传统文化宝库中的绚丽奇葩! 近年来,我们注重挖掘和弘扬以冀东文艺"三枝花"为代表的优秀地域文化,借力京津冀文化协同发展机遇,努力破解非物质文化遗产保护传承中遇到的困难和问题,延续历史文脉,保留乡情记忆,使传统文化传承在基层,活跃在民间。

一、健全保护网络，夯实传承基础

我们在市、县两级群艺馆、文化馆分别设立了非物质文化遗产保护中心和非物质文化遗产展室，充实了专职工作人员；成立了市评剧发展促进会、戏迷票友协会、民俗协会等一批传统文化类社会组织；指导组建了以评剧、皮影、乐亭大鼓、地秧歌、冀东民歌等传统项目为活动内容的民间文艺团队350余支；在市博物馆设立了冀东文艺"三枝花"展厅，在滦县、滦南、乐亭、迁安等有条件的县(市)建立了非物质文化遗产博物馆，基本形成了政府主导、社会参与、覆盖城乡、结构合理的非物质文化遗产传承保护网络。2016年，我们以市群艺馆搬迁新馆为契机，将旧馆址改建为"唐山市非物质文化遗产传承保护基地"，建设了冀东文艺"三枝花"剧场，该项目集收藏、展示、宣传、培训和交流等功能于一体，已成功列入国家"十三五"非物质文化遗产保护利用设施建设储备项目，2017年改建完成后将采取财政支持与市场运作相结合的模式，努力打造成为全市非物质文化遗产传承保护的重要平台。

二、培育后备人才，壮大传承队伍

为解决人才断档和青黄不接的问题，我们从2010年起在市艺术学校设立冀东文艺"三枝花"专业班，由政府出资，面向社会免费招生，为评剧、皮影、乐亭大鼓项目传承培养后辈人才。组织实施"评剧名家传徒授艺工程"，支持乐亭县持续开展乐亭大鼓、皮影艺术"赛徒奖师"活动，让"三枝花"艺术事业后继有人。组织编写非物质文化遗产普及教程，持续开展优秀传统文化进校园活动，培育出了一批摘取国家级和省级赛事大奖的新秀，3所小学被教育部命名为"中华优秀文化艺术传承学校"。市群艺馆在路南区实验小学、河北联合大学轻工学院、唐山市第四幼儿园等院校建立了非物质文化遗产传承示范基地；市博物馆每年把皮影、剪纸、年画等非物质文化遗产项目送进校园20次以上；滦南县出台了《关于开展冀东文艺"三枝花"进校园活动的实施意见》，组织编印了《冀东文艺"三枝花"教程》，供全县中小学统一使用，已培养骨干师资480余人（次），有重点、有针对性地将"三枝花"艺术作为中小学校特色发展方向；乐亭县在积极开展"三枝花"进校园活动的同时，还安排县文化馆在每年暑期举办少儿大鼓、皮影免费培训班。2016年4月，乐亭县第三实验小学"皮影艺术工作坊"代表河北省参加了全国第五届中小学生艺术展演活动，独具乐亭地方特色的皮影雕刻和操耍，不仅深深吸引了参展各省代表队，还受到与会国家教育部领导的赞誉和高度评价。

三、搭建传承平台，培育文化品牌

我们充分利用文化遗产日、传统节日、重要纪念日等时机，围绕今年我市举办的世界园艺博览会、中国—中东欧地方领导人会议、第25届中国金鸡百花电影节、第十届中国评剧艺术节等重大活动，广泛组织开展"唐山记忆·文化乡愁"非物质文化遗产宣传展演活动，深入推进"戏迷演出月""传统文化进校园""千场大鼓进百村"等文化品牌活动，充分展示唐山优秀地域文化的独特魅力，让非物质文化遗产活跃在群众身边。2000年以来，我市已成功举办了十届中国评剧艺术节和九届中国评剧票友大赛，在此基础上，采取政府购买的方式，组织优秀剧目深入基层巡演和开展送戏下乡活动，让城乡群众在家门口就能欣赏到高水平演出。2015年，我们组织举办了全市业余评剧团折子戏大赛，共有

107个民间剧团报名参赛,被群众誉为永不落幕的"民间评剧艺术节"。市群艺馆连续7年在春节期间举办"戏迷演出月",指导戏迷演出评剧、京剧等成出大戏和折子戏,为广大戏迷搭建学习、展示和交流的舞台。2010年以来,乐亭县每年组织"千场演出进百村"——乐亭大鼓下乡活动,深受群众欢迎。今年3月至10月,乐亭县已陆续在14个镇(乡、街道)的110个行政村开展乐亭大鼓演出660余场(次),演出队所到之处,十里八村的乡亲们纷纷赶来"听书",盛况空前。此举培养了民间艺术的鉴赏群体,浓厚了艺术之乡的传承氛围,形成了独具乐亭特色的文化活动品牌。

四、坚持打磨创新,创排精品剧目

2015年以来,我们安排专项资金,组织力量创作具有唐山地域元素、艺术性和思想性俱佳的文艺精品,支持专业院团复排和打磨提升优秀传统剧目,使每个专业剧团都有保留的精品剧目。唐山市演艺集团的大型评剧《从春唱到秋》、传统评剧《榆钱谣》、现代评剧《喊一声妈妈》、现代京剧《节振国》,滦南县评剧团的《杨三姐告状》《杨三姐告状之后》《成兆才与杨三姐告状》,丰润区评剧团的《小英雄雨来》、现代评剧《赶考》等剧目均在社会上产生了强烈反响。其中《榆钱谣》已在全市巡演30余场,《小英雄雨来》获第十届河北省戏剧节优秀剧目奖,并赴武汉等地进行商业演出。这些优秀剧目还在传统佳节为全市人民奉上文化大餐,培育了戏迷观众,实现了文化惠民。

五、推动交流互鉴,促进协同发展

我们积极推动与京、津文化单位交流互动,借助京津文化高地,提升城市品位,传播唐山精神。为此,我们创办了"唐山大舞台",依托发展联盟这个平台,2015年引进中国评剧院和天津评剧院等经典剧目20余场(次);唐山市评剧团6场演出走进京、津;丰润区评剧团先后在北京12个剧场演出45场优秀传统剧目,并与中国评剧院联合创作了现代评剧《焦庄户》,有力地促进了京津冀三地评剧项目及传承人的交流与合作。2015年9月,市群艺馆在日本东京举办了"中国非物质文化遗产唐山皮影艺术展";2016年7月赴台湾交流再受热捧,18场唐山皮影演出吸引观众数千人;11月,唐山市演艺集团有限公司皮影剧团又应邀参加了中拉文化交流年活动,将皮影项目传播到智利和哥伦比亚。乐亭皮影2015年应邀赴北京恭王府参加"影舞人生——国家级非物质文化遗产传统皮影精品展",并多次赴韩国、西班牙、瑞士、印度等国家进行交流。乐亭皮影《火焰山》、滦县地秧歌《老擓嘎妈闹花灯》荣获"第十二届民间文艺山花奖·民间艺术表演奖";《丰南渔民号子》荣获广东省渔歌精英赛暨全国渔歌邀请赛金奖;等等,都大大提升了唐山特色文化的美誉度和对外影响力。

六、强化市场意识,推动生产性保护

我们积极推动非物质文化遗产与旅游、会展等行业的融合,在世园会园区、滦州古城、丰南运河唐人街、唐山湾国际旅游岛等旅游景区设置专门区域,举办评剧、皮影、乐亭大鼓、地秧歌等传统文化展演和民俗鉴赏等活动,以文化品牌提升旅游档次,以旅游项目展示传统文化,有效拓展了优秀非物质文化遗产项目的生存发展空间。今年,我们组织唐山皮影、评剧、乐亭大鼓等特色非物质文化遗产项目代表性传承人在唐山世界园艺博览会园区开展循环演出千余场(次),向国内外游客充分展示了唐山地域文化的内涵和底蕴,成为世园会的最大亮点。大力支持刘美实业有限公司、迁安市艺祥书画纸厂等企业建设生产性保护示范基地;支持乐亭县渤新文化产业开发有限公司、迁安市郭宝皮影传承馆等文化企业积极探索"公司+艺人""公司+农户"等新型运营模式,他们开发、生产出的非物质文化遗产衍生品,已经迈出国门、进军国际市场,并取得了良好的经济效益和社会效益。

七、唐山皮影戏项目保护案例简介

　　唐山皮影戏,被称为"魔术般、闪电式的艺术",是我国皮影戏的一个重要分支,又称滦州影、乐亭影;因影人、道具用驴皮制成,故又称驴皮影,听其音,观其形,充满着浓郁的唐山乡土气息。1958年发现的署有"明万历乙卯(1579)年抄"的影卷《薄命图》《六月雪》不仅故事完整,行当齐全,而且唱词格律严谨,并有独特的"三赶七",可见早在1579年,唐山皮影就已趋于成熟。清中叶至清末是唐山皮影的繁荣兴盛时期,皮影戏在冀东各地乃至北京、东北三省广泛流传,大量皮影作品涌现,各种流派形成,影班之间展开竞争,皮影戏舞台呈现蓬勃生机。因唱腔优美动听,雕刻及操纵别具一格,自1936年至1941年,中外唱片公司灌制唱片百余张,使唐山皮影戏在海内外广为流传。著名戏剧史家周贻白先生在其《中国戏剧史长编》一书中称:"唐山皮影"因熟在人口的关系,几乎成为一般影戏的代称。近年来,受现代生活节奏的影响和多元文化的冲击,唐山皮影戏赖以生存的空间日渐狭小,老一辈造诣高深的传承艺人相继退出舞台,皮影新生代力量薄弱,珍贵的皮影雕刻、操纵、演唱传统技艺急待抢救。为此,我市各级文化部门把抓好皮影戏传承保护工作提上重要议事日程,组织力量开展抢救性挖掘、整理、研

究和传承工作,使该项目在名录体系、传承人队伍、宣传展示、理论研究
等方面均取得了积极成效。

一是深入挖掘,健全谱系。目前,我市的唐山皮影戏(唐山市)和乐
亭皮影戏(乐亭县)两个项目入选国家级非物质文化遗产项目名录;滦州
驴皮影(滦南县)和迁西皮影戏(迁西县)两个项目入选省级非物质文化
遗产项目名录;滦州皮影(滦县)、卢氏皮影雕刻技艺(路北区)、刘氏皮
影雕刻技艺(玉田县)、迁西影人刻制(迁西县)和迁安皮影雕刻(迁安
市)5个项目入选市级非物质文化遗产名录。

二是合理规划,重点扶持。市群艺馆将唐山皮影戏传承保护列入重
点工作,2014年研究制定了《唐山皮影戏三年保护规划》,按照“规划长
远,分期实施”的原则,细化年度目标和工作任务,在有效保护的前提下,
注重传承创新和合理开发,目前已基本形成较完善的唐山皮影戏普查、
研究、宣传推广和基地开发传承体系。乐亭县人民政府于2012年出台了
《乐亭县人民政府关于印发对优秀民间文艺队伍、优秀民间文化传承人、
文化精品奖扶办法的通知》,每年安排专项资金用于支持和奖励优秀皮
影民间队伍、优秀传承人和原创文艺精品。

三是规范整理,加强研究。我们以唐山皮影戏的影卷、音乐唱腔、
造型艺术、皮影文化等为研究对象,通过面向民间皮影剧社及皮影艺人
进行田野考察、实地走访、座谈研讨等多种形式,对唐山皮影戏组织开
展系统研究,整理分析唐山皮影戏在我市县域的分布状况,研究皮影戏
价值点、价值量及存续环境,摸清了底数、现状,也提升了传承人对皮影
戏作为非物质文化遗产项目的理论认识与实践传承水平。截至目前,
我市已初步建立了皮影戏资源档案库,并正在通过多媒体手段和数字
化技术建立和完善皮影资源数据库,对所有图录进行扫描,对皮影实物
进行拍照编号,开展传统皮影戏复排摄录工作,分别形成图录、画影、影

像专辑。近年来,我市抢救性地整理出张绳武等一批已故老艺人的经典唱段和曲谱;完成了传统皮影名剧"五锋会"等一批剧目的音配像工作;编辑出版了《唐山皮影戏影卷目录》《唐山皮影戏造型艺术图录》《论唐山皮影的造型与色彩》《唐山皮影戏传统经典唱段》等一批珍贵的非物质文化遗产专著;收集了一批皮影图谱。整理保存的皮影数字资料约达3TB。

四是建立基地,强化传承。我们努力搭建唐山皮影戏传承、保护、示范、展演平台,培养皮影戏后辈人才。目前,市群艺馆已命名建立唐山市艺术学校、唐山市银河星皮影艺术团等4个皮影戏传承示范基地,乐亭县文化馆也相继在河北科技师范学院、滦县龙山初级学校、河北科技大学和乐亭县第三实验小学等地建立了乐亭皮影教育示范基地,为皮影传承人搭建了传习平台,对于培养市民群众非物质文化遗产保护意识、宣传推广唐山皮影戏和培育涵养文化生态等都起到了较好的推动作用。

五是宣传展示,加强交流。在组织开展"我们的节日"、文化遗产日、皮影戏进校园系列展示展演等活动的同时,我们不断加快唐山皮影"走出去"的步伐。市群艺馆2013年创排的皮影童话剧《飞鱼祭》参加了第三届全国少数民族戏剧会演并荣获银奖;2014年参加了河北省文化厅主办的河北皮影艺术展;2015年,制作"唐山皮影"灯箱60组,参加了河北省文化厅、河北大学联合主办的"优秀传统文化进校园暨河北省乡土艺术展"和河北省博物馆5.18国际博物馆日"唐山皮影展演"等活动,9月赴日本东京举办了"唐山皮影艺术展";2016年6月底,赴台湾佛光山开展文化交流,举办唐山皮影艺术展演18场。乐亭皮影自2013年起,先后多次赴韩国、瑞士、西班牙、印度等国开展文化交流,让国外民众感受唐山文化的魅力,将唐山优秀传统文化推向世界舞台。

非物质文化遗产是前人留下的宝贵精神财富,不可再生而又状态各异。我们将借势京津冀协同发展,以京津冀公共文化服务示范走廊为依托,与联盟内各兄弟单位在更高水平、更深层次、更宽领域内进一步加强合作,交流互鉴、创新探索,让以冀东文艺"三枝花"为代表的优秀地域文化展现新魅力,焕发新光彩。

后　记

　　为推动京津冀协同发展这一重大国家战略,"京津冀公共文化服务示范走廊"发展联盟应运而生,秉持"资源共享、优势互补、互利互惠、共同发展"的原则,各联盟单位互通互融,探索联盟合作的形式和途径。朝阳区文化委员会作为首届轮值主席单位,2016年6月26日,邀请发展联盟兄弟单位的各位领导,非物质文化遗产领域各位同仁和专家相聚朝阳区规划艺术馆,举办"京津冀公共文化服务示范走廊"发展联盟论坛,以"传承创新、价值再生、合作共赢——非物质文化遗产保护与传承"为主题,将就"非物质文化遗传承创新与城市特色""传统文化的价值再生""非物质文化遗产保护传承的京津冀协同发展"三个主要议题展开讨论。

　　《京津冀公共文化服务示范走廊发展联盟论坛论文集》汇集了与会专家学者及各联盟单位领导的精彩发言,充分展示了大家对非物质文化遗产传承保护工作的认识、思考、经验和做法。我们衷心希望藉此书出版,提高学界、社会对非物质文化遗保护重要性的认识,担负起使命感和责任感,带动全社会共同参与、关注和保护非物质文化遗产,传承好民族的DNA,让非物质文化遗产真正融入社会生活,托起我们保护共同精神家园的梦想。

朝阳区文化委员会党委书记、主任　高春利

2017年7月